비선형조직

**NONLINEAR
ORGANIZATION**

비선형조직

15가지 주제로 제시하는
조직 관리와 리더십의 새로운 관점

이윤수 임경애 박혜연

NONLINEAR
ORGANIZATION

머리말

이 책은 HR/HRD/HRM 분야에서 다뤄지는 개념들의 비선형적 특성에 대해 다룬다. 비선형적 특성을 대표하는 이론으로 Too-Much-of-a-Good-Thing(TMGT) 효과가 있는데, 사자성어로 표현하자면 과유불급過猶不及 정도가 되겠다. TMGT 효과는 어느 지점까지는 좋은 게 좋은 결과로 나타났다가 특정 임계치를 넘어서면 그 관계가 없어지거나 반대가 되는 것을 의미한다. 이를 그래프로 그리면 ∩(inverted U shape) 모양의 비선형적인 관계가 된다. 이 책은 부정적인 개념의 긍정성 또한 다루는데, 이러한 접근은 어떤 개념에 대한 고정된 관념이나 선형적인 이해를 비판적으로 바라볼 수 있는 관점을 대학원생이나 현장 실무자에게 제공할 것으로 기대된다. 이 책에서 나온 내용들은 학술적인 내용을 바탕으로 하지만 학계의 주류 의견이 아닌 경우가 더러 있다. 물론 주류 의견도 다루지만 상대적으로 많은 지면은 비판적인 관점을 다루기 때문에 텍스트도 비판적이고 객관적으로 독해해주길 바란다.

우리는 우리가 살고 있는 세계의 진짜 모습과 무관하게 선형의 세계, 선형의 언어에 익숙하다. 예를 들어, "경력이 높아질수록 의사결정의 질이 높아질까?"라는 질문 자체도 선형성linearity을 가정에 둔 질문이다. 대체로 경력이 높아질수록 의사결정이 높아지는 선형 관계가 있긴 하다. 신입사원은 회사에 대해 아는 것이 거의 없기 때문에 제대로 된 의사결정을 내리기 어렵다. 그러한 권한도 대부분 주어지지 않을 테지만 말이다. 대리 정도의 경력이 쌓이면 신입사원 때보다는 의사결정을 더 잘 내린다. 점심메뉴도 보다 센스 있게 결정할 수 있다. 그동안 다른 팀원들의 식성에 대한 정보를 축적했기 때문일 것이다. 그런데 경력이 계속 쌓인다고 의사결정의 질이 높아질까? 정보가 너무 많으면 새로운 취사선택의 문제에 봉착한다. 예를 들어, 박 부장님은 중식이나 양식을 먹자고 하시는데, 예전에 김 과장님이 중식을 싫어한다는 말을 들은 적이 있고, 최 차장님은 양식보다는 한식을 선호한다는 것을 알고 있기 때문에 고르기 어려워지는 것이다. 정보가 많을수록 항상 더 좋은 것은 아니다.

이 책은 흔히 다다익선으로 알려진 개념들의 선형성 가정을 의심하는 데서 출발한다. HR/HRD/HRM 분야에서 자주 다루어지는 변수들 중에서 다음 15개 주제를 선정했다. 임파워링 리더십, 시간관리 리더십, 변혁적 리더십, 카리스마 리더십, 조직 시민 행동, 리더-구성원 교환이론, 워커홀릭의 워라밸, 직무 열의, 직무 자율성, 조직 동일시, 신뢰, 자기효능감, 지식 공유, 성실성, 지적 겸손이 그것이다. 비슷한 맥락에서 마음챙김, 사회적 지원, 멘토 지식 공유, 성과 압박, 야망, 나르시시즘, 장기 결근과 관련된 짧은 챕터도 포함되었다.

우리가 비선형 관점을 견지하는 것은 관리 유행management fads을 좇기보다는 더 나은 조직을 만들기 위해 객관적이고 비판적인 의사결정을 하는 데 도움이 될 것으로 판단된다. 또한 HR/HRD/HRM 관점에서는 하나의 제도나 인터벤션이 만병통치약이 아니라는 경험치는 가지고 있을 텐데 비선형적 접근은 그러한 직관을 뒷받침하는 하나의 대안적 설명을 제공한다. 비선형적 관점은 구체적으로 조직의 여러 제도나 인터벤션의 수준을 조정하고, 어떻게 커스터마이징해야 하는지에 대한 단초를 제공할 수 있다.

삶은 가까이서 보면 비극이고 멀리서 보면 희극이라고 했던 찰리 채플린의 말을 빌려 이 책이 던지고자 하는 화두를 한 문장으로 요약하면 다음과 같다.

"조직은 멀리서 보면 선형적이지만 가까이서 보면 비선형적이다."

목차

1장

임파워링 리더십

Empowering Leadership

믿는 도끼에 발등 찍힌다

∞

임파워링 리더십이란?

임파워링, 임파워먼트라는 말을 들어본 적이 있을 것이다. 임파워링 리더십을 액면가 그대로 이해해보자면, 임파워링을 하는 리더십일 텐데, 임파워링은 임파워empower, 즉 권한을 부여한다는 의미를 가지고 있다. 임파워먼트와 유사한 용어로 권한 위임delegation이 있는데, 권한 위임은 부하직원에게 의사결정 권한을 부여하는 것인 반면, 임파워먼트empowerment는 권한 위임뿐만 아니라 그 결정에 대한 책임까지 부여하는 것이다. 리더는 권력power과 권한authority을 가진 사람인데, 그것을 어떻게 무슨 연유로 조직 구성원에게 부여한다는 것일까?

임파워링 리더십은 권한을 공유하거나 조직 구성원에게 더 많은 책임과 자율성을 할당하는 리더의 행동을 의미한다.[123] 구체적으로 조직 구성원을 이끌고, 의사결정에 참여시키며, 조직 구성원을 코칭하고, 정보를 공유하며, 개인적인 관심을 보여주는 것 등이다.[45] 50여 편의 논문을 분석한 결과, 임파워링 리더십이 높을수록 직무만족, 관리 효율성, 창의성, 혁신, 조직 시민 행동, 몰입, 직무열의, 개인과 팀 성과와 같은 긍정적인 결과가 더 많이 발생했다고 보고했다.[678910 11] 그 외에도 임파워링 리더십은 신뢰, LMX, 자기효능감, 직무 명확성, 지식공유 등과 관련이 있었다.[12]

임파워링 리더십 관련 이론

사회 교환 이론Social Exchange Theory[13]에 따르면, 임파워링 리더십은 조직 구성원에게 긍정적으로 인식될 가능성이 있고, 작업 결과에 대한 소유권과 책임감을 갖도록 유도한다. 그 대가로 조직 구성원들은 리더와 조직에 대한 의무를 다함으로써 보답할 의무가 있다고 느끼며, 조직에 이로운 행동을 증진시킬 수 있다.[6] 구체적으로 조직 구성원은 리더의 긍정적인 피드백을 받고, 리더의 가치를 내면화하며, 그 가치에 부응하는 충성도 높은 행동을 한다. 또한 리더의 긍정적인 행동에 보답하기 위해 조직의 사명을 지원하고 조직이 준수하는 강령을 지켜야 한다는 도덕적 의무감이 고취된다.[14]

임파워링 리더십이 각광받는 이유

임파워링 리더십은 변화하는 환경에서 더욱 빛을 발한다. 일선의 조직 구성원들은 급변하는 환경에 그대로 노출되어 있고, 능동적이고 유연하게 그 변화에 적응하고 대처하려면 어느 정도 의사결정권이 필요하다. 서비스업을 생각해보더라도 고객의 불만 사항은 가급적 빨리 해결하는 것이 좋다. 그러나 일선의 조직 구성원에게 아무런 권한이 없다면 보고체계에 따라 불만이 접수되고 해결되기까지 시간이 오래 걸린다. 고객은 이미 화가 나 있을 것이다. 임파워링 리더십의 좋은 예시로 리츠칼튼 호텔을 들 수 있다. 리츠칼튼 호텔의 경우 직원들에게 2천 불 정도의 금액을 고객서비스를 위해 재량껏 사용하게 한다.

임파워링 리더십의 반전

그러나 일부 학자들은 조직 구성원에게 임파워링을 적절하게 사용하지 않았을 때 잠재적인 부작용이 있을 수 있음을 경고하기도 했다.[5][15][16][17][18][19][20][21] 당연하게도 임파워링이 너무 많거나 적은 것 모두 문제가 있을 수 있고,[22] 개인차, 즉 조직 구성원이 임파워링을 받을 준비가 어느 정도 되어 있는지에 따라 부작용의 정도가 다를 수 있다.[23]

과도한 임파워링의 문제에는 어떤 것들이 있을까? 리더의 임파워링에 브레이크가 없으면, 조직 구성원에 대한 과신過信으로 이어져 좋지 않은 결과를 초래할 수 있다.[24] 예를 들어 일을 수행하는 것보다 임파워링을 통한 의견 교환에만 더 초점을 둘 경우 많은 시간을 잡아먹을 수도 있다.[25] 과도한 임파워링으로 자율성이 높아진 직원에 대한 통제력을 상실할 수도 있으며, '너 하고 싶은 거 다 해' 식의 업무 지시는 조직 구성원의 업무 모호성을 증가시켜 업무 효율성을 떨어뜨릴 수 있다.[26]

슬프게도 참여적 의사결정 과정을 통해 내린 결정이 리더의 독재적 의사결정보다 항상 효과적이지 않을 수도 있는데,[27][28] 특히 팀 초기 단계에서는 임파워링 리더보다 지시형 리더의 성과가 더 높았다.[25] 왜냐하면 임파워링 리더십과 달리 초기 명확한 안내와 구체적인 지시로 성과에 집중할 수 있기 때문이다. 임파워링 리더십이 지시형 리더십에 비해 성과가 지연되어 나타나지만 종국에는 성과를 역전시킨다. 지시형 리더 아래에서는 전문성을 신장시키거나 학습할 기회가 부족해 복잡하고 새로운 과제가 주어졌을 때도 리더의 지시만 기다리는 반면, 임파워링 리더 아래에서는 자율성을 갖고 학습해왔고, 팀원 간 상호작용을 통해 새로운 상황에 유연하게 대처할 수 있다. 이렇게 본다면 초기 지시형 리더에서 서서히 임파워링 리더로 스위치하는 것이 좋은 전략처럼 보일 수 있는데, 연구자들은 초기 성과 지연은 임파워

링 리더십의 불가피한 비용이고, 오히려 일관되지 않은 리더십이 혼란을 초래할 수 있다고 경고하였다.[25]

임파워링 리더십의 부작용을 자율성의 비용[29] 측면에서 보면, 권한 부여를 통한 자율성 증가는 조직 구성원의 부담(예를 들어, 일에 집중해야 하는데 여러 가지 터프한 의사결정에 참여해야 하는 것은 인지적으로 산만함을 야기할 수 있음)을 가중시켜 긍정적인 효과를 억제할 수 있다. 역할 이론[30] 측면에서 보면, 역할이란 개인에게 기대되는 행동이 일관되어야 좋은데 임파워링 리더십으로 인한 추가 권한 및 책임은 이미 확립된 역할 인식을 방해하고 역할 스트레스를 가중시킬 수 있다.[31] 끝으로 임파워링 리더십을 발휘하면 조직 구성원은 리더에게 보답하고자 하는 심리를 갖게 된다. 이것이 심해지면 극단적인 경우 리더의 비윤리적인 행동에 방관하거나 동조하는 현상도 발견되었다고 한다.[15][16]

결론

정리하자면, 임파워링 리더십은 어떤 임계치까지는 개인과 조직에 유익하지만 과도해질 경우 역효과가 발생하는 비선형적인 특성이 있다고 볼 수 있다. 임파워먼트는 할수록 더 좋은 결과가 나타난다는 가정 자체를 의심해볼 필요가 있고, 조직은 리더가 조직 구성원에게 권한 부여하는 방식에 대한 조건부 접근이 필요함을 시사한다.[16] 그렇다면 어떤 방식이 좋을까? 리더는 임파워링을 단순히 자신의 권한을 나눠준다는 접근보다는 권한을 부여받는 조직 구성원의 입장에서 권한의 크기를 조정한다는 접근을 할 필요가 있다. 예를 들어, 조직 구성원에게 필요한 권한인가? 조직 구성원의 경력 단계와 지위 등에 부합하는 권한인가? 조직 구성원의 역량 등을 고려했을 때 감당할 수 있는 권한인가? 등을 고려할 수 있다. 또한 전권을 일임하기보다는 권한의 범위와 정도를 분산시킬 수 있다. 이러한 접근 방식의 이점은 리더와 조직 구성원 간 권한과 책임에 대한 불일치를 조율할 수 있고, 조직 구성원의 경력개발 및 역량 발휘에 도움을 주는 방식으로 임파워링을 활용할 수 있다는 것이다.

임파워링 리더십은 다른 리더십과 어떠한 차이가 있는가?[32]

참여적 리더십participative leadership과의 차이

참여적 리더십은 리더가 조직 구성원들과 공동의 의사결정에 영향력을 공유하고 참여하게 하는 리더십을 의미한다.[33] 임파워링 리더십과 참여적 리더십은 의사결정 과정에서 조직 구성원의 적극적 참여를 독려하지만 임파워링 리더십은 참여뿐만 아니라

권한을 부여하는 더 큰 개념이다.[423]

변혁적 리더십transformational leadership과의 차이

변혁적 리더십은 조직 구성원과 비전을 공유하고 목표를 추구하도록 영감을 주고, 그들이 이익을 초월하여 일하도록 동기를 부여하는 리더십을 말한다.[35] 임파워링 리더십은 개별 조직 구성원의 능력을 개발하고자 하고, 자율성을 공유하거나 제공해 조직 구성원을 의사결정에 참여시킨다는 점에서 변혁적 리더십과 구별된다.

윤리적 리더십ethical leadership과의 차이

윤리적 리더십은 조직 구성원의 윤리와 규칙, 조직 구성원의 윤리적 행동과 보상에 대해 의사소통함으로써 옳고, 공정하며, 성실하고, 윤리적으로 타인을 인도하려는 리더의 윤리적 성향과 행동을 의미한다. 두 리더십 모두 긍정성을 내포하고 있지만 임파워링 리더가 반드시 윤리적 관점을 전면으로 내세우지 않을 수 있고, 마찬가지로 윤리적 리더 또한 반드시 조직 구성원에게 권한을 부여하는 것이 아니라는 점에서 두 개념은 구분된다.[32]

임파워링 리더십은 어떻게 측정하는가?

Empowering Leadership Questionnaire[4], Leader Empowering Behavior Questionnaire[38] 등 임파워링 리더십을 측정하는 여러 도구가 있다.[14] 그중 임파워링 리더십의 다차원성을 갖고 있으면서 실무에서 사용하기 부담 없는 12문항으로 구성된 Ahearne 등 (2005)[23]의 도구를 소개하면 다음과 같다.

리더의 임파워링에 브레이크가 없으면,
조직 구성원에 대한 과신過信으로 이어져
비효율성 증가와 직원에 대한 통제력 상실을 초래할 수 있다.

요인	문항	전혀 그렇지 않다	그렇지 않다	보통 이다	그렇다	매우 그렇다
의사결정 에의 참여	01 나의 상사는 나에게 의사 표현할 기회를 많이 준다.					
	02 나의 상사는 전략적 의사결정을 내릴 때 나와 자주 상의한다.					
	03 나의 상사는 많은 의사결정을 나와 함께 내린다.					
고성과에 대한 확신	04 나의 상사는 내가 일을 잘할 능력이 있다는 확신을 보여준다.					
	05 나의 상사는 내가 어려운 과업을 처리할 수 있다고 믿는다.					
	06 나의 상사는 내가 실수를 할 때에도 나의 능력이 향상될 것이라 믿는다.					
일의 의미성 향상	07 나의 상사는 나의 업무가 조직의 전반적인 효과성에 얼마나 중요한지 이해할 수 있게 도와준다.					
	08 나의 상사는 나의 직무가 조직의 더 큰 그림에 어떻게 적합한지 이해할 수 있게 도와준다.					
	09 나의 상사는 나의 목표가 조직의 목표에 어떻게 연관되어 있는지 이해할 수 있게 돕는다.					
자율성 부여	10 나의 상사는 공식적인 규칙 및 규정들을 단순화시켜 내가 직무를 보다 효율적으로 수행할 수 있도록 해준다.					
	11 나의 상사는 내가 내 방식대로 직무를 수행할 수 있도록 해준다.					
	12 나의 상사는 고객의 요구를 충족시킬 수 있도록 내가 중요한 의사결정을 신속히 내릴 수 있게 해준다.					

Reference

1 Kirkman, B. L., & Rosen, B. (1997). A model of work team empowerment. *Research in Organizational Change and Development, 10*(1), 131-167.

2 Pearce, C. L., & Sims, H. P., Jr. (2002). Vertical versus shared leadership as predictors of the effectiveness of change management teams: An examination of aversive, directive, transactional, transformational, and empowering leader behaviors. *Group Dynamics: Theory, Research, and Practice, 6*(2), 172-197.

3 Sims, H. P., Jr., Faraj, S., & Yun, S. (2009). When should a leader be directive or empowering? How to develop your own situational theory of leadership? *Business Horizons, 52*(2), 149-158.

4 Arnold, J. A., Arad, S., Rhoades, J. A., & Drasgow, F. (2000). The Empowering Leadership Questionnaire: The construction and validation of a new scale for measuring leader behaviors. *Journal of Organizational Behavior, 21*(3), 249-269.

5 Sharma, P. N., & Kirkman, B. L. (2015). Leveraging leaders a literature review and future lines of inquiry for empowering leadership research. *Group and Organization Management, 40*(2), 193-237.

6 Lee, A., Willis, S., & Tian, A. W. (2018). Empowering leadership: A meta-analytic examination of incremental contribution, mediation, and moderation. *Journal of Organizational Behavior, 39*(3), 306-325.

7 Sparrowe, R. T. (1994). Empowerment in the hospitality industry: An exploration of antecedents and outcomes. *Journal of Hospitality & Tourism Research, 17*(3), 51-73.

8 Spreitzer, G. M. (1995). Psychological empowerment in the workplace: Dimensions, measurement, and validation. *Academy of Management Journal, 38*(5), 1442-1465.

9 Spreitzer, G. M., Kizilos, M. A., & Nason, S. W. (1997). A dimensional analysis of the relationship between psychological empowerment and effectiveness satisfaction, and strain. *Journal of Management, 23*(5), 679-704.

10 Strauss, G. (1964). *Some notes on power equalization*. Berkeley: University of California, Berkeley.

11 Zhang, X., & Bartol, K. M. (2010). Linking empowering leadership and employee creativity: The influence of psychological empowerment, intrinsic motivation, and creative process engagement. *Academy of Management Journal, 53*(1), 107-128.

12 Kim, M., Beehr, T. A., & Prewett, M. S. (2018). Employee responses to empowering leadership: A meta-analysis. *Journal of Leadership & Organizational Studies, 25*(3), 257-276.

13 Anderson, S. E., & Williams, L. J. (1996). Interpersonal, job, and individual factors related to helping processes at work. *Journal of Applied Psychology, 81*(3), 282-296.

14 Zhang, X., Qian, J., Wang, B., & Chen, M. (2020). The role of reward omission in empowering leadership and employee outcomes: A moderated mediation model. *Human Resource Management Journal, 30*(2), 226-243.

15 Amundsen, S., & Martinsen, Ø. L. (2014). Empowering leadership: Construct clarification, conceptualization, and validation of a new scale. *The Leadership Quarterly, 25*(3), 487-511.

16 Cheong, M., Spain, S. M., Yammarino, F. J., & Yun, S. (2016). Two faces of empowering leadership: Enabling and burdening. *The Leadership Quarterly, 27*(4),602-616.

17 Ford, R. C., & Fottler, M. D. (1995). Empowerment: A matter of degree. *Academy of Management Perspectives, 9*(3), 21-29.

18 Forrester, R. (2000). Empowerment: Rejuvenating a potent idea. *Academy of Management Executive, 14*(3), 67-80.

19 Honold, L. (1997). A review of the literature on employee empowerment. *Empowerment in Organizations, 5*(4), 202-212.

20 Wilkinson, A. (1998). Empowerment: Theory and practice. *Personnel Review, 27*(1), 40-56.

21 Wong, S. I., & Giessner, S. R. (2015). The thin line between empowering and laissez-faire leadership: An expectancy-match perspective. *Journal of Management, 44*(2), 757-783.

22 Liden, R. C., Wayne, S. J., & Sparrowe, R. T. (2000). An examination of the

mediating role of psychological empowerment on the relations between the job, interpersonal relationships, and work outcomes. *Journal of Applied Psychology, 85*(3), 407-416.

23 Ahearne, M., Mathieu, J., & Rapp, A. (2005). To empower or not to empower your sales force? And empirical examination of the influence of leadership empowerment behavior on customer satisfaction and performance. *Journal of Applied Psychology, 90*(5), 945-955.

24 Conger, J. A., & Kanungo, R. N. (1988). The empowerment process: Integrating theory and practice. *Academy of Management Review, 13*(3), 471-482.

25 Lorinkova, N. M., Peaesall, M. J., & Sims, H. P., Jr. (2013). Examining the differential longitudinal performance of directive versus empowering leadership in teams. *Academy of Management Journal, 56*(2), 573-596.

26 Martin, S. L., Liao, H., & Campbell, E. M. (2013). Directive versus empowering leadership: A field experiment comparing impacts on task proficiency and proactivity. *Academy of Management Journal, 56*(5), 1372-1395.

27 Vroom, V.H., & Jago, A.G. (1978). On the validity of the Vroom-Yetton model. *Journal of Applied Psychology, 63*(2), 151–162.

28 Vroom, V.H., & Yetton, P.W. (1973). *Leadership and decision-making*. University of Pittsburgh Press, Pennsylvania.

29 Langfred, C.W., & Moye, N.,. A. (2004). Effects of task autonomy on performance: An extended model considering motivational, informational, and structural mechanisms. *Journal of Applied Psychology, 89*(6), 934–945.

30 Kahn, R.L., Donald, M., Wolfe, R.P., Quinn, J.D.S., & Robert, A.R. (1964). Organizational stress. New York: Wiley.

31 Rizzo, J.R., House, R.J., & Lirtzman, S.I. (1970). Role conflict and ambiguity in complex organizations. *Administrative Science Quarterly, 15*(2), 150–163.

32 Cheong, M., Yammarino, F. J., Dionne, S. D., Spain, S. M., & Tsai, C. Y. (2019). A review of the effectiveness of empowering leadership. *The Leadership Quarterly, 30*(1), 34-58.

33 Armenakis, A. A., Harris, S. G., & Mossholder, K. W. (1993). Creating readiness for organizational change. *Human Relations, 46*(6), 681-703.

34 Lam, C. K., Huang, X., & Chan, S. C. (2015). The threshold effect of participative leadership and the role of leader information sharing. *Academy of Management Journal, 58*(3), 836-855.

35 Bass, B. M., & Steidlmeier, P. (1999). Ethics, character, and authentic transformational leadership behavior. *The Leadership Quarterly, 10*(2), 181-217.

36 Yammarino, F. J., & Bass, B. M. (1990). Transformational leadership and multiple levels of analysis. *Human Relations, 43*(10), 975-995.

37 Yukl, G., Gordon, A., & Taber, T. (2002). A hierarchical taxonomy of leadership behavior: Integrating a half century of behavior research. *Journal of Leadership and Organizational Studies, 9*(1), 15-32.

38 Konczak, L. J., Stelly, D. J., & Trusty, M. L. (2000). Defining and measuring empowering leader behaviors: Development of an upward feedback instrument. *Educational and Psychological Measurement, 60*(2), 301-313.

2장

시간관리
리더십

Temporal Leadership

시간을 관리하는 것은
무엇을 포기할지 결정하는 것이다

∞

시간관리 리더십이란?

임파워링 리더십과 대척점에 서 있는 리더십 중 시간관리 리더십temporal leadership이 있다. 시간관리 리더십은 리더가 팀 내 시간 관리를 위한 행동을 개념화한 것으로[1] 팀의 시간적 갈등을 줄여 팀워크의 효율성을 높이고[2][3][4] 팀 성과에 도움이 된다고 알려져 있다.[1] 구체적으로 팀 내 누군가는 데드라인이 많이 남았다고 여겨 일을 느긋하게 하는 반면 다른 누군가는 시간이 촉박하다고 여길 경우 팀 내 시간 사용의 비효율이 발생할 수 있다(시간 구조적 모호함[5]). 혹은 휴가나 유연근무제 사용에 있어 조직 구성원 간 시간적 이익이 상충될 수 있다. 이때 리더가 시간 관리의 비효율성과 우선순위를 해결하는 과정에서 시간적 손실을 줄이는 것을 시간관리 리더십이라고 부른다.[5]

시간관리 리더십의 장점

　낮은 수준의 시간관리 리더십을 가진 팀에서 조직 구성원들은 데드라인 및 일하는 속도에 대해 합의를 이루지 못할 수 있고,[7,8] 아이디어 수렴 시간을 따로 마련하지 않고 아이디어 발산에 과다한 시간을 할애할 수도 있다.[7,8] 반면 리더가 작업 성취 속도 관리에 명확한 프레임워크를 제공할 때, 조직 구성원은 기한 내 문제해결을 위해 작업목표의 우선순위를 정할 수 있다. 특히 개인차를 고려한 시간 관리는 팀 창의성을 극대화할 수 있다.[6,9,10,11]

시간관리 리더십의 반전

　시간관리 리더십이 항상 효과적인 것은 아니다.[6] 데드라인이 너무 벅차면 조직 구성원은 업무에 흥미를 잃을 수 있다.[12] 실제로 불합리한 데드라인은 그것에 맞추려는 비용과 노력을 더 소모시킨다. 또한 리더가 지나치게 시간 관리에만 집착할 경우, 문제 해결을 통해 배우거나 창의성을 발휘할 기회를 상실할 수 있다.[13] 당연하게도, 직장에서 너무 바쁘지도 너무 한가하지도 않은 적당한 최적의 바쁜 상태를 유지하는 것이 중요하다.[14]

결론

　근무시간이 하루 8시간으로 동일하게 주어지더라도 조직 구성원마다 시간을 활용하는 방식은 다양할 수 있다. 예를 들어, 어떤 사람은 데드라인이 임박했을 때 집중적인 일 처리를 선호할 수 있고, 다른 사람은 계획적으로 조금씩 일 처리하는 것을 선호할 수 있다. 또 어떤 사람은 일의 진행 상황을 지속적으로 공유하고 피드백 받으면서 일 처리하는 것을 선호할 수 있고, 다른 사람은 적어도 초안을 완성한 뒤에 피드백을 받고 그동안은 자율적인 일 처리를 선호할 수 있다. 리더도 마찬가지로 더 선호하는 시간 활용 방식이 있을 수 있다. 따라서 리더는 조직 구성원의 시간 활용 방식의 다양성을 이해하고, 시간을 관리하고 통제하기보다는 본인과 조직 구성원의 시간 활용 스타일의 접점을 찾고 효율적으로 조정할 수 있는 방식으로 시간을 관리하는 것이 현명하다. 이상의 내용을 그림으로 정리하면 다음과 같다.

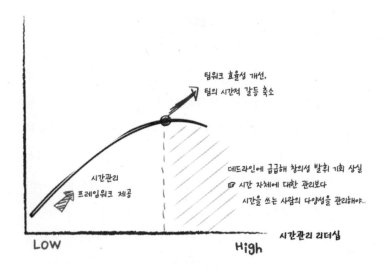

팀워크 효율성 개선,
팀의 시간적 갈등 축소

시간관리
프레임워크 제공

데드라인에 급급해 창의성 발휘 기회 상실
☞ 시간 자체에 대한 관리보다
   시간을 쓰는 사람의 다양성을 관리해야..

시간관리 리더십

Low   High

리더는 자신과 조직 구성원의 시간을 통제하려고 하기보다는
서로의 시간 활용 방식의 다양성을 이해하고,
각자의 스타일의 접점을
효율적으로 조정하는 방식의 관리를 해야 한다.

시간관리 리더십을 어떻게 측정하는가?

대표적으로 7문항으로 구성된 Mohammed와 Nadkarni (2011)[43]의 Temporal leadership scale이 있고, 그 내용은 다음과 같다.

문항	전혀 그렇지 않다	그렇지 않다	보통 이다	그렇다	매우 그렇다
01 나의 리더는 조직 구성원들에게 중요한 마감일을 자주 상기시키는 편이다.					
02 나의 리더는 작업의 우선 순위를 정하고, 각 과업에 시간을 할당하는 편이다.					
03 나의 리더는 비상 사태, 문제 및 새로운 문제에 대해 적시에 준비하고 해결한다.					
04 나의 리더는 작업이 제시간에 완료되도록 팀의 속도를 조절한다.					
05 나의 리더는 조직 구성원들이 하위 작업을 제시간에 완료하도록 촉구한다.					
06 나의 리더는 프로젝트 진행 상황을 체크하기 위해 이정표를 설정한다.					
07 나의 리더는 마감일을 맞추기 위해 팀을 효과적으로 조정하는 편이다.					

Reference

1   Ancona, D. G., Goodman, P. S., Lawrence, B. S., & Tushman, M. L. (2001). Time: A new research lens. *Academy of Management Review, 26*(4), 645-663.

2   Chen, J., & Liu, L. (2020). Reconciling temporal conflicts in innovation ambidexterity: The role of TMT temporal leadership. *Journal of Knowledge Management, 24*(8), 1899–1920.

3   Maruping, L. M., Venkatesh, V., Thatcher, S. M. B., & Patel, P. C. (2015). Folding under pressure or rising to the occasion? Perceived time pressure and the moderating role of team temporal leadership. *Academy of Management Journal, 58*(5), 1313–1333.

4   Santos, C. M., Passos, A. M., Uitdewilligen, S., & Nübold, A. (2016). Shared temporal cognitions as substitute for temporal leadership: An analysis of their effects on temporal conflict and team performance. *The Leadership Quarterly, 27*(4), 574–587.

5   Mohammed, S., & Nadkarni, S. (2011). Temporal diversity and team performance: The moderating role of team temporal leadership. *Academy of Management Journal, 54*(3), 489–508.

6   Duan, C., Zhang, M. J., Liu, X., Ling, C. D., & Xie, X. Y. (2023). Investigating the curvilinear relationship between temporal leadership and team creativity: The moderation of knowledge complexity and the mediation of team creative process engagement. *Journal of Organizational Behavior. 44*, 717-738.

7   Halbesleben, J., Novicevic, M., Harvey, M., & Buckley, M. (2003). Awareness of temporal complexity in leadership of creativity and innovation: A competency-based model. *The Leadership Quarterly, 14*(4), 433–454.

8   McGrath, J. (1991). Time, interaction, and performance (tip): A theory of groups. *Small Group Research, 22*(2), 147–174.

9   Alipour, K. K., Mohammed, S., & Martinez, P. N. (2017). Incorporating temporality into implicit leadership and followership theories: Exploring inconsistencies between time-based expectations and actual behaviors. *The*

Leadership Quarterly, 28(2), 300-316.

10 Gevers, J., Rispens, S., & Li, J. (2016). Pacing style diversity and team collaboration: The moderating effects of temporal familiarity and action planning. *Group Dynamics: Theory, Research, and Practice, 20*(2), 78–92.

11 Jansen, K., & Kristof-Brown, A. (2005). Marching to the beat of a different drummer: Examining the impact of pacing congruence. *Organizational Behavior and Human Decision Processes, 97*(2), 93–105.

12 Amabile, T. M., DeJong, W., & Lepper, M. R. (1976). Effects of externally imposed deadlines on subsequent intrinsic motivation. *Journal of Personality and Social Psychology, 34*(1), 92-98.

13 Sheremata, W. A. (2000). Centrifugal and centripetal forces in radical new product development under time pressure. *Academy of Management Review, 25*(2), 389–408.

14 Lupu, I., & Rokka, J. (2022). Feeling in control: Optimal busyness and the temporality of organizational controls. *Organization Science, 33*(4), 1396-1422.

3장

변혁적 리더십과 카리스마 리더십

Transformational Leadership & Charismatic Leadership

탁월한 리더는 훌륭한 사람이라서가 아니라
타인의 훌륭함을 끌어내기 때문에
성공하는 것이다

∞

변혁적 리더십이란?

리더십 중 가장 많이 회자되고 연구되는 유형을 하나 고르라면 단연 변혁적 리더십transformational Leadership이 지목될 것이다. 변혁적 리더 행동은 조직 구성원이 자신의 이익을 초월하고 집단적 목표를 추구하도록 동기를 부여한다.[1] 이러한 행동에는 조직 구성원에게 카리스마적 역할 모델이 되는 이상적 영향력idealized influence, 조직 구성원에게 비전과 이상을 전달하는 영감적 동기부여inspirational motivation, 기존 가정에 도전하여 조직 구성원의 창의성을 자극하는 지적 자극intellectual stimulation, 조직 구성원의 요구와 우려를 경청하는 개별적 배려individualized consideration가 있다.

이상적 영향력에는 집단의 이익을 위해 사리사욕을 넘어서고, 도덕적 윤리적 결정의 결과를 고려하는 것이 포함되고, 영감적 동기부여에는 미래에 대해 낙관적으로 이야기하는 것이 포함된다. 지적 자극에는 비판적 가정을 재검토하여 적절한지 의문을 제기하는 것이 포함되고, 개별적 배려에는 다른 사람들의 강점을 개발하도록 돕는 것이 포함된다. 변혁적 리더십은 직무만족을 향상시키고, 정서적 소진을 감소시키고, 몰입, 조직 시민 행동, 성과 등을 증가시키는 것으로 알려져 있다.[23456]

변혁적 리더십의 반전

변혁적 리더 행동은 수고로운 일이 아닐 수 없다. 변혁적 리더로서 행동하는 데 한정된 시간, 에너지, 권력을 사용해야 하는데, 그러한 행동이 상당한 노력을 요구하는 것처럼 보이기 때문이다.

변혁적 리더십의 하위 요인별로 자원 소비 시나리오를 살펴보면 다음과 같다. 이상적 영향력의 경우, 변혁적 리더는 조직 구성원이 개인의 이익보다 집단의 목표를 추구하도록 설득해야 하는데, 그 과정에서 설득 방법 고안에 노력이 요구된다.[7] 영감적 동기부여와 관련하여, 변혁적 리더는 조직 구성원을 동기부여하기 위해 긍정적인 감정을 자주 표현해야 하는데, 그러한 감정 표현이 리더의 실제 감정과 일치하지 않을 수 있다.[8] 따라서 불일치가 발생하는 가운데 열정과 긍정적 감정을 지속적으로 표현하기 위해서 리더는 감정 조절 또는 감정 노동에 참여해야 한다.[9][10] 지적 자극과 관련하여 변혁적 리더는 기존 가정에 도전하려면 리더 스스로 관성을 깨기 위해 노력하는 과정에서 자원이 소비된다. 마지막으로 개별적 배려와 관련하여 변혁적 리더는 각 조직 구성원의 필요와 관심사에 주의를 기울이는 것에 자원을 사용해야 하는데, 그것이 리더의 자연스러운 경향과 일치하지 않는다면 추가 자원을 소비하게 된다.[11] 특히 리더는 일반적으로 조직 구성원과 다양한 수준의 관계를 형성하게 되는데,[12] 심지어 시간이 지남에 따라 그 수준은 달라질 수 있어 다양한 수준의 관계를 고려하는 데 리더는 자원을 소비하게 된다.[13] 최근 연구에 따르면, 변혁적 리더십은 알려진 긍정적 효과 이면에 리더를 소진시키고 나아가 일을 그만두고 싶게 만들 가능성이 있는데, 특히 조직 구성원이 성실하고 유능하지 못할 경우 리더는 더 빨리 쉽게 지칠 수 있다고 한다.[14]

이러한 연구 결과는 리더십이 리더와 조직 구성원 간 상호작용을 전제함에도 불구하고, 리더의 변혁적 행위가 조직 구성원에게 주는 이점에만 초점을 두었을 뿐 정작 리더에게 어떤 영향을 미치는지 간과해왔음을 시사한다. 즉, 리더십의 효과는 진공 상태에서 발생하는 것이 아니라 조직 구성원의 특성에 따라 달라질 수 있음을 암시한다. 이러한 논리는 대부분의 긍정적 리더십에 대입하여 생각해볼 수 있다. 특정 긍정적인 리더의 모습을 지속적으로 발휘하는 것은 때로는 리더에게 해로운 결과를 낳을 수 있고, 팀 내 어떤 조직 구성원이 있는지에 따라 그 결과는 증폭될 수도 있고 완화될 수도 있다는 것이다. 따라서 조직은 리더에게 주기적으로 휴식을 취하게 하거나 자원을 보충하고 회복하기 위한 활동에 참여시킬 필요가 있다.[14][15]

결론

보다 근본적으로는 리더가 수행하는 여러 역할들 중 장애요인이나 비효율로 인해 가장 많은 에너지를 소모하는 부분을 확인해 원인을 제거하거나 개선하는 접근이 필요하다. 예를 들어, 직장생활 내내 탁월한 성과를 냈던 리더는 저성과자에 대한 이해가 부족하거나 이들에게 지속적인 동기부여를 하는 데 스트레스를 받을 수 있다. 이 경우 저성과자를 전문적으로 코칭하는 코치를 따로 둔다면 리더는 성과에 직결되는 다른 문제에 집중할 수 있는 시간을 벌 수 있다. 또 다른 예로 리더는 조직 구성원의 성장과 발전을 위해 학습을 촉진할 필요가 있는데, 학습 조직을 활성화하여 리더의 부담을 덜 수 있다. 이상의 내용을 그림으로 정리하면 다음과 같다.

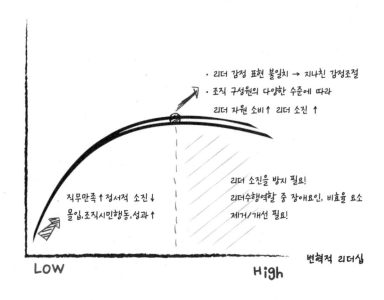

• 리더 감정 표현 불일치 → 지나친 감정조절
• 조직 구성원의 다양한 수준에 따라
  리더 자원 소비 ↑ 리더 소진 ↑

리더 소진을 방지 필요!
리더수행역할 중 장애요인, 비효율 요소
제거/개선 필요!

직무만족↑정서적 소진↓
몰입,조직시민행동,성과↑

Low　　　　　　　　　High

변혁적 리더십

카리스마 리더십이란?

대부분의 사람들은 카리스마가 무엇인지 직관적으로 이해하고 느낄 수 있다. 하지만 그것을 설명하라는 요청을 받으면 다소 막막할 것이다. 학계에서도 카리스마는 정의하기 어려운 모호한 개념[16][17]이니 마땅한 설명이 떠오르지 않았더라도 자책하지 말자. Robert House(1977)가 카리스마적 리더십charismatic leadership을 소개한 후 50년이 훌쩍 넘었고, 그동안 수많은 연구가 수행되었음에도 여전히 카리스마가 일관되게 정의되지 않은 채 신비하고 마법스러운 것으로 간주된다는 점은 새삼 놀랍다.[18][19][20][21] 그럼에도 카리스마의 정의들을 종합해보자면 사람들이 관심을 갖고 따르도록 유도하는 특성이라는 공통 분모를 발견할 수 있다.[24]

카리스마 리더십의 특징

카리스마는 카리스마가 있는 리더와 그렇지 않은 리더를 직접 비교해보면 카리스마의 특징이 잘 드러난다.[20][25] 카리스마가 있는 리더는 조직 구성원을 더 높은 곳으로 향하도록 고무시키고, 깊은 수준의 헌신을 심어주며, 신뢰와 만족감을 줌으로써 결과적으로 카리스마가 없는 리더보다 효과적인 리더십을 발휘한다.[26][27][28]

초기 카리스마 연구는 성격 특성을 밝히기 위해 Big Five(외향성, 친화성, 성실성, 감정 안정성, 개방성)가 도입되었다.[29] 카리스마는 외향성이 높고 신경증이 낮은 특징이 있어 사회적 지배, 친화, 긍정적 정서에 대한 욕구가 강하고, 자기 비난, 죄책감, 낮은 자신감과 거리가 먼 것으로 해석되었다.[30][29][31] 하지만 Big Five가 포착하지 못하는 다른 성격 특성은 고려되지 못했고, 이후 HDS(Hogan Development Survey)[32]로 카리스마를 연구하였다.[17] HDS는 자신감, 표현력, 에너지, 미래에 대한 낙관주의, 수사적 능력, 영감을 주는 것, 위험감수, 현 상태에 대한 도전, 창의성으로 구성되어 있다.

카리스마 리더십의 반전

카리스마 리더십이 항상 좋은 결과로 이어지는 것은 아니다.[33] 카리스마를 앞세웠던 지도자들 모두가 위대한 지도자로 추앙받지 못했음을 역사가 보여주고 있다. 일부 기업의 리더들도 부패와 권력 남용으로 물러났다. 카리스마가 있는 리더들의 권력에 대한 욕구와 자기애적 성향이 비윤리적이고 파괴적인 행동으로 이어질 수 있다.

카리스마 리더십의 수준이 높으면 자기도취적 경향(오만, 조작, 거창한 비전, 극적인 관심 추구)은 조직 구성원에게 부정적인 영향을 미치는 것으로 나타났다.[34][35] 재밌는 것은 리더 본인은 카리스마적 리더십이 높을수록 자신을 높게 평가했지만 조직 구성원들은 변곡점을 지나면 부정적으로 변했다는 것이다. 자기향상이론에 근거하여 성격의 기대효과를 테스트한 결과, 본인 자체 평가는 선형을 이루지만 관찰자 평가에서는 곡선을 나타내었다. 이러한 결과는 강점을 과도하게 사용할 때 약점이 되는 역동성을 보여주는 리더십 연구들과 일치한다.[36][37] 이상의 내용을 그림으로 정리하면 다음과 같다.

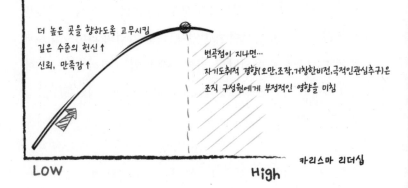

더 높은 곳을 향하도록 고무시킴
깊은 수준의 헌신↑
신뢰, 만족감↑

변곡점이 지나면...
자기도취적 경향(오만,조작,거창한비전,극적인관심추구)은
조직 구성원에게 부정적인 영향을 미침

Low

High

카리스마 리더십

> 리더십의 효과는 진공 상태에서 발생하지 않는다.
> 리더십이 조직 구성원에게 주는 이점만큼
> 리더십이 리더에게 미치는 영향도 중요하게 다뤄져야 한다.

자기향상이론self-enhancement theory이란?[38][39]

자기 개념의 긍정성을 유지 또는 증가시키려는(또는 부정성을 감소시키려는) 욕구로 자신의 자존감을 유지, 보호, 향상시키고 싶은 욕구를 설명하는 이론이다. 자기향상은 과거와 비교하여 개인적인 성장을 보이는 사람들의 특성으로 식별되어 왔는데,[40] 그들은 자신의 실패를 능력과 연관시키지 않으며 자존감을 높여주는 정보를 찾아내려 한다.[41] 또한 자기와 연관된 사람들, 장소 그리고 물건들을 과대평가하는 경향이 있으며,[42] 자신이 실제보다 더 우수하다고 믿는 경향이 있다.[37] 따라서 자기 평가와 같이 잠재적으로 위협적인 상황에서 자신의 자존감을 보호하려는 동기로 인하여, 높은 수준의 자존감을 가진 카리스마가 있는 사람은 자신의 약점을 보지 못하고 자신의 강점을 과장하는 이유를 설명할 수 있다.

Reference

1   Bass, B. M. (1985). *Leadership and performance beyond expectations*. New York: Free Press.

2   Bono, J. E., & Judge, T. A. (2004). Personality and transformational and transactional leadership: A meta-analysis. *Journal of Applied Psychology, 89*(5), 901–910.

3   Derue, D. S., Nahrgang, J. D., Wellman, N. E., & Humphrey, S. E. (2011). Trait and behavioral theories of leadership: An integration and meta-analytic test of their relative validity. *Personnel Psychology, 64*(1), 7-52.

4   Judge, T. A., & Piccolo, R. F. (2004). Transformational and transactional leadership: a meta-analytic test of their relative validity. *Journal of Applied Psychology, 89*(5), 755.

5   Montano, D., Reeske, A., Franke, F., & Hüffmeier, J. (2017). Leadership, followers' mental health and job performance in organizations: A comprehensive meta-analysis from an occupational health perspective. *Journal of Organizational Behavior, 38*(3), 327-350.

6   Wang, H., Law, K. S., Hackett, R. D., Wang, D., & Chen, Z. X. (2005). Leader-member exchange as a mediator of the relationship between transformational leadership and followers' performance and organizational citizenship behavior. *Academy of Management Journal, 48*(3), 420-432.

7   Van Knippenberg, D., & Stam, D. (2014). Visionary Leadership In D. V. Day (Ed.), *The Oxford handbook of leadership and organizations*, (pp. 241–259). Oxford University Press.

8   Venus, M., Stam, D., & Van Knippenberg, D. (2013). Leader emotion as a catalyst of effective leader communication of visions, value-laden messages, and goals. *Organizational Behavior and Human Decision Processes, 122*(1), 53-68.

9   Grandey, A. A. (2000). Emotional regulation in the workplace: A new way to conceptualize emotional labor. *Journal of Occupational Health Psychology, 5*(1), 95-110.

10 Gross, J. J. (1998). The emerging field of emotion regulation: An integrative review. *Review of General Psychology, 2*(3), 271-299.

11 Lin, S. H., Scott, B. A., & Matta, F. K. (2019). The dark side of transformational leader behaviors for leaders themselves: A conservation of resources perspective. *Academy of Management Journal, 62*(5), 1556-1582.

12 Graen, G. B., & Uhl-Bien, M. (1995). Relationship-based approach to leadership: Development of leader-member exchange (LMX) theory of leadership over 25 years: Applying a multi-level multi-domain perspective. *The Leadership Quarterly, 6*(2), 219-247.

13 Tepper, B. J., Dimotakis, N., Lambert, L. S., Koopman, J., Matta, F. K., Man Park, H., & Goo, W. (2018). Examining follower responses to transformational leadership from a dynamic, person–environment fit perspective. *Academy of Management Journal, 61*(4), 1343-1368.

14 Sonnentag, S. (2001). Work, recovery activities, and individual well-being: A diary study. *Journal of Occupational Health Psychology, 6*(3), 196-210.

15 Sonnentag, S., & Fritz, C. (2007). The Recovery Experience Questionnaire: development and validation of a measure for assessing recuperation and unwinding from work. *Journal of Occupational Health Psychology, 12*(3), 204-221.

16 Khurana, R. (2002). The curse of the superstar CEO. *Harvard Business Review, 80*(9), 60-66.

17 Vergauwe, J., Wille, B., Hofmans, J., Kaiser, R. B., & De Fruyt, F. (2018). The double-edged sword of leader charisma: Understanding the curvilinear relationship between charismatic personality and leader effectiveness. *Journal of Personality and Social Psychology, 114*(1), 110-130.

18 Antonakis, J., Bastardoz, N., Jacquart, P., & Shamir, B. (2016). Charisma: An ill-defined and ill-measured gift. *Annual Review of Organizational Psychology and Organizational Behavior, 3*(1), 293–319.

19 Bryman, A. (1992). *Charisma and leadership in organizations*. London, UK: Sage Publications.

20 Conger, J. A., & Kanungo, R. N. (1987). Towards a behavioral theory of charismatic leadership in organizational settings. *Academy of Management Review, 12*(4), 637–647.

21 House, R. J. (1999). Weber and the neo-charismatic leadership paradigm: A response to Beyer. *The Leadership Quarterly, 10*(4), 563–574.

22 Shamir, B., House, R. J., & Arthur, M. B. (1993). The motivational effects of charismatic leadership: A self-concept based theory. *Organization Science, 4*(4), 577–594.

23 Van Knippenberg, D., & Sitkin, S. B. (2013). A critical assessment of charismatic—transformational leadership research: Back to the drawing board?. *The Academy of Management Annals, 7*(1), 1-60.

24 Horcher, Nina (2015). *"Warum haben manche Menschen Charisma und andere nicht?"*, Die Zeit. Retrieved 1 February 2024 from https://www.zeit.de/zeit-wissen/2015/04/charisma-ausstrahlung-begabung-uebung.

25 DuBrin, A. (2012). *Leadership: Research findings, practice, and skills* (7th ed.). Mason, OH: Cengage Learning.

26 Amirul, S. R., & Daud, H. N. (2012). A study on the relationship between leadership styles and leadership effectiveness in Malaysian GLCs. *European Journal of Business and Management, 4*(8), 193–201.

27 Conger, J. A., Kanungo, R. N., & Menon, S. T. (2000). Charismatic leadership and follower effects. *Journal of Organizational Behavior, 21*(7), 747–767.

28 Dvir, T., Eden, D., Avolio, B. J., & Shamir, B. (2002). Impact of transformational leadership on follower development and performance: A field experiment. *Academy of Management Journal, 45*(4), 735–744.

29 Bono, J. E., Foldes, H. J., Vinson, G., & Muros, J. P. (2007). Workplace emotions: the role of supervision and leadership. *Journal of Applied Psychology, 92*(5), 1357-1367.

30 Bass, B. M., & Avolio, B. J. (1994). *Improving organizational effectiveness through transformational leadership*. Thousand Oaks, CA: Sage.

31 De Hoogh, A. H. B., Den Hartog, D. N., & Koopman, P. L. (2005). Linking the Big Five-Factors of personality to charismatic and transactional leadership; perceived dynamic work environment as a moderator. *Journal of Organizational Behavior, 26*(7), 839–865.

32 Hogan, R., & Hogan, J. (2009). Hogan Development Survey manual (2nd ed.). Tulsa, OK: Hogan Press.

33 Fragouli, E. (2018). The dark-side of charisma and charismatic leadership.

Business and Management Review, 9(4), 298-307.

34 Benson, M. J., & Campbell, J. P. (2007). To be, or not to be, linear: An expanded representation of personality and its relationship to leadership performance. *International Journal of Selection and Assessment, 15*(2), 232–249.

35 Epitropaki, O., & Martin, R. (2004). Implicit leadership theories in applied settings: Factor structure, generalizability, and stability over time. *Journal of Applied Psychology, 89*(2), 293–310.

36 Kaiser, R. B., & Hogan, J. (2011). Personality, leader behavior, and overdoing it. *Consulting Psychology Journal: Practice and Research, 63*(4), 219.

37 McCall, M. W. (2009). Every strength a weakness and other caveats. In R. Kaiser (Ed.), *The perils of accentuating the positive* (pp. 41–56). Hogan Press.

38 Alicke, M. D., & Govorun, O. (2005). The Better-Than-Average Effect. In M. D. Alicke, D. A. Dunning, & J. I. Krueger (Eds.), *The self in social judgment* (pp. 85–106). Psychology Press.

39 Leary, M. R. (2007). Motivational and emotional aspects of the self. Annu. Rev. *Annual Review of Psychology, 58*(1), 317-344.

40 Wilson, A. E., & Ross, M. (2001). From chump to champ: people's appraisals of their earlier and present selves. *Journal of Personality and Social Psychology, 80*(4), 572-584.

41 Ditto, P. H., & Lopez, D. F. (2005). Motivated Skepticism: Use of Differential Decision Criteria for Preferred and Nonpreferred Conclusions. In D. L. Hamilton (Ed.), *Social cognition: Key readings* (pp. 512–532). Psychology Press.

42 Pelham, B. W., Mirenberg, M. C., & Jones, J. T. (2002). Why Susie sells seashells by the seashore: Implicit egotism and major life decisions. *Journal of Personality and Social Psychology, 82*(4), 469-487.

4장

포용적 리더십과 공유 리더십

Inclusive Leadership &
Shared Leadership

사공이 많으면 배가 산으로 간다

∞

포용적 리더십이란?

포용Inclusive은 오늘날의 세계화된 비즈니스 내에서 다양성 문제를 해결하기 위한 관행으로 업계와 학계에서 주목받고 있다.[1] 포용적 리더십은 다른 사람의 기여에 대한 감사를 나타내는 말과 행동을 보이고,[2] 조직 구성원의 요구에 귀를 기울이며 상호작용에서 개방성을 보여주는 리더의 능력이라고 정의된다.[3] 포용적인 리더는 조직 구성원들이 발언할 수 있는 환경을 조성하고 필요한 사회 정서적 지원을 제공함으로써[4] 그들이 혁신적인 행동으로 리더에게 보답하도록 동기를 부여한다.[5,6] 포용적 리더십도 임파워링 리더십과 유사하게 리더가 조직 구성원에게 포용적 면모와 같은 호의를 베풀면 조직 구성원은 그에 동등하거나 그 이상의 긍정적인 업무 행동으로 리더에게 보답한다는 사회 교환 이론과 상호주의 규범에 바탕을 두고 있다.[6,7,8,9,10]

사회 교환 이론Social Exchange Theory이란?

사회 교환 이론은 인간 관계에서 상호작용을 이루는 데 있어 비용cost과 보상reward 간 상호작용에 대한 이론으로,[21] 개인이 상호작용에서 얻는 보상이 비용보다 더 클 때 해당 관계를 계속 유지하려는 경향이 있다고 설명한다. 리더로부터 이득이 되는 자원이 제공되면 구성원들은 감정적, 육체적인 헌신을 하고자 하는 동기를 부여하여 업무에 최선을 다하는 것이다.[7] 포용적 리더십에서는 리더로부터 우호적인 대우를 받은 구성원들이 보은하고자 하는 의무감 때문에 긍정적인 반응을 보이는 것으로 사회 교환 이론이 적용된다.

포용적 리더가 다양한 관점과 불확실성에 대한 열린 마음을 보여줄수록 조직 구성원들은 안전감과 소중함을 느끼고,[2,11] 배제되거나 과소평가되는 것에 대한 걱정을 덜 느낀다.[12] 100여 편의 논문을 분석한 결과,[13] 포용적 리더십은 아이디어 공유 기회를 촉진하고,[14] 소속감과 형평성을 바탕으로 조직 변화에 개방적인 태도를 갖게 하며,[15,16] 실수로부터 배우고 직무 열의를 높이는 것으로 나타났다.[7,11,17]

포용적 리더십의 반전

포용적인 리더가 오히려 팀 혁신 행동을 감소시킨다는 연구도 있다.[8] 포용적 리더십이 팀 내 감정적 유대 형성에 도움이 되는데, 유대감이 깊어질수록 조직 구성원은 호혜성의 원리에 따라 리더에게 충성을 표현하기 위해 더 많이 순응하는 모습을 보이게 된다.[18] 이 과정에서 조직 구성원들은 현재의 규칙을 깨고 새로운 아이디어를 제안하는 것을 꺼릴 수 있다. 포용적 리더십으로 팀 내 배척과 차별에 대한 걱정이 줄어들면서[12] 조직 구성원들은 자신의 지위가 안전하다고 느끼고, 결과적으로 자신을 입증할 필요성을 못 느끼게 되는 것이다.[19] 혁신 행동은 일정 수준의 위험 감수가 요구되는데 포용적 환경에서는 조직 구성원들의 도전적인 동기가 줄어드는 것이다.[20] 그렇다면 적정 수준의 포용적 리더십은 어떤 모습일까? 포용을 통한 심리적 안전감을 제공하면서도 공정한 경쟁을 통해 조직 구성원의 능동적이고 도전적인 모습을 끌어내는 것이다.[2] "너도 옳고 너도 옳다"는 황희 정승 같은 리더십은 좋지 않을 수 있다.

한편, 포용적 리더십과 공유 리더십은 구분되는 개념이지만 창의성과 관련하여 비선형적인 연구 결과가 있다는 공통점이 있다. 포용적 리더십이 조직 구성원을 이해하는 리더십이라면, 공유 리더십은 조직 구성원에게 퍼주는 리더십으로 볼 수 있다. 공유 리더십은 리더십 역할과 책임을 한 명의 리더가 독점하는 것이 아니라 조직의 목표 달성을 위해 구성원들이 상호 작용하고 협력하는 리더십을 의미한다.[22] 그렇기 때문에 공유 리더십은 팀 목표를 달성하는 과정에서 조직 구성원들에게 리더십 책임이 분산된다.[23]

일부 연구에서 공유 리더십과 창의성 간 비선형 관계가 발견되었는데, 공유 리더십이 너무 낮으면 조직 구성원들이 공동의 목표를 이루는 데 충분한 동기부여가 되지 못한 반면, 공유 리더십이 너무 높으면 공동의 목표로부터 멀어졌기 때문이라고 한다.[24] 다시 말해, 전자의 경우는 내 일이 아니기 때문에 창의성을 발휘하지 못했고, 후자의 경우는 사공이 많아 배가 산으로 갔다고 볼 수 있다. 리더는 무조건적인 수평적 문화와 공유 리더십을 강조하기보다는 적정 범위와 강도의 리더십을 공유하면서 조직 구성원의 셀프 리더십 수준을 조정하는 혜안을 갖출 필요가 있다.

결론

"혼자 가면 빨리 가고, 함께 가면 멀리 간다"라는 말이 있지만, 조직에는 장기적인 목표만 있는 것은 아니다. 단기적으로 시급하고 중요한 목표도 있다. 따라서 모두가 함께 가는 것이 모든 상황에서 반드시 올바른 의사결정이 아닐 수도 있다. 급변하는 상황에 유연하게 대처하게 위해 TF팀을 운영하는 것도 그러한 이유에서다. 전략상 신제품 출시를 앞두고 정보를 의도적으로 차단할 수도 있다. 단순히 성비를 5:5로 맞추는 식으로 다양성 조건을 충족하는 데 급급한 포용으로는 기대되는 순기능을 달성하지 못할 수 있다. 포용과 공유는 조직이 장기적으로 지향할 만한 가치가 있다. 그러나 변화와 혁신 같은 다른 가치보다 언제나 앞선다고 단언할 수는 없다. 이상의 내용을 그림으로 정리하면 다음과 같다.

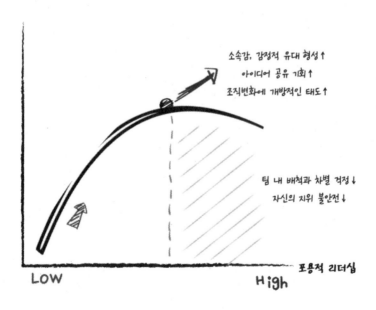

포용적 리더십을 어떻게 측정하는가?

9문항으로 구성된 Carmeli 외(2010)[25]의 측정도구가 있고, 그 내용은 다음과 같다.

요인	문항	전혀 그렇지 않다	그렇지 않다	보통이다	그렇다	매우 그렇다
개방성	**01** 리더는 새로운 아이디어에 귀를 기울인다.					
	02 리더는 업무 프로세스를 개선할 수 있는 새로운 기회에 주의를 기울인다.					
	03 리더는 원하는 목표와 이를 달성하기 위한 새로운 방법을 논의하는 것에 열려 있다.					
가용성	**04** 리더는 문제가 있을 때 상담을 해준다.					
	05 리더는 언제든 만날 수 있는 항상 팀 곁에 있는 사람이다.					
	06 리더는 내가 의논하고 싶은 전문적인 질문에 대답해준다.					
	07 리더는 내 요청을 경청할 준비가 되어 있다.					
	08 리더는 새로운 이슈가 발생하면 자신에게 찾아오라고 독려한다					
	09 리더는 새로운 문제에 대해 함께 논의해준다.					

Reference

1 Roberson, Q. M. (2006). Disentangling the meanings of diversity and inclusion in organizations. *Group and Organization Management, 31*(2), 212–236.

2 Nembhard, I. M., & Edmondson, A. C. (2006). Making it safe: The effects of leader inclusiveness and professional status on psychological safety and improvement efforts in health care teams. *Journal of Organizational Behavior: The International Journal of Industrial, Occupational and Organizational Psychology and Behavior, 27*(7), 941-966.

3 Carmeli, A., Reiter-Palmon, R., & Ziv, E. (2010a). Inclusive leadership and employee involvement in creative tasks in the workplace: The mediating role of psychological safety. *Creativity Research Journal, 22*(3), 250–260.

4 Carmeli, A., Gelbard, R., & Gefen, D. (2010b). The importance of innovation leadership in cultivating strategic fit and enhancing firm performance. *The Leadership Quarterly, 21*(3), 339-349.

5 Shore, L. M., Randel, A. E., Chung, B. G., Dean, M. A., Ehrhart, H., K., & Singh, G. (2011). Inclusion and diversity in work groups: A review and model for future research. *Journal of Management, 37*(4), 1262–1289.

6 Javed, B., Khan, A. K., & Quratulain, S. (2018). Inclusive leadership and innovative work behavior: An examination of LMX perspective in small capitalized textile firms. *The Journal of Psychology, 152*(8), 594–612.

7 Choi, S. B., Tran, T. B. H., & Park, B. I. (2015). Inclusive leadership and work engagement: Mediating roles of affective organizational commitment and creativity. *Social Behavior and Personality: an International Journal, 43*(6), 931–943.

8 Javed, B., Naqvi, S. M. M. R., Khan, A. K., Arjoon, S., & Tayyeb, H. H. (2019). Impact of inclusive leadership on innovative work behavior: The role of psychological safety. *Journal of Management and Organization, 25*(1), 117–136.

9 Ma, Q., & Tang, N. (2022). Too much of a good thing: the curvilinear relation between inclusive leadership and team innovative behaviors. *Asia Pacific Journal of Management, 40*(3), 929-952.

10 Qi, L., Liu, B., Wei, X., & Hu, Y. (2019). Impact of inclusive leadership on employee innovative behavior: Perceived organizational support as a mediator. *PloS one, 14*(2), 1–14.

11 Ye, Q., Wang, D., & Guo, W. (2019). Inclusive leadership and team innovation: The role of team voice and performance pressure. *European Management Journal, 37*(4), 468–480.

12 Zheng, X. T., Yang, X., Diaz, I., & Yu, M. (2018). Is too much inclusive leadership a good thing? An examination of curvilinear relationship between inclusive leadership and employees' task performance. *International Journal of Manpower, 39*(7), 882–895.

13 Korkmaz A. V., Van Engen, M. L., Knappert, L., & Schalk, R. (2022). About and beyond leading uniqueness and belongingness: A systematic review of inclusive leadership research. *Human Resource Management Review, 32*(4), 1-20.

14 Mir, A., Rafique, M., & Mubarak, N. (2021). Impact of inclusive leadership on project success: Testing of a model in information technology projects. *International Journal of Information Technology Project Management, 12*(1), 63–79.

15 Mansoor, A., Farrukh, M., Wu, Y., & Abdul Wahab, S. (2021). Does inclusive leadership incite innovative work behavior? *Human Systems Management, 40*(1), 93–102.

16 Siyal, S., Xin, C., Umrani, W. A., Fatima, S., & Pal, D. (2021). How do leaders influence innovation and creativity in employees? The mediating role of intrinsic motivation. *Administration and Society, 53*(9), 1337-1361.

17 Ye, Q., Wang, D., & Li, X. (2019). Inclusive leadership and employees' learning from errors: A moderated mediation model. *Australian Journal of Management, 44*(3), 462–481.

18 Carnevale, J. B., Huang, L., Uhl-Bien, M., & Harris, S. (2020). Feeling obligated yet hesitant to speak up: Investigating the curvilinear relationship between LMX and employee promotive voice. *Journal of Occupational and*

Organizational Psychology, 93(3), 505–529.

19 Lam, C. F., Liang, J., Ashford, S. J., & Lee, C. (2015). Job insecurity and organizational citizenship behavior: Exploring curvilinear and moderated relationships. *Journal of Applied Psychology, 100*(2), 499–510.

20 Eisenbeiss, S., Van Knippenberg, D., & Boerner, S. (2008). Transformational Leadership and Team Innovation: Integrating Team Climate Principles. *Journal of Applied Psychology, 93*(6), 1438–1446.

21 Blau, P. M. (1964). *Exchange and power in social life.* New York: Wiley.

22 Conger, J. A., & Pearce, C. L. (2003). A landscape of opportunities: Future research on shared leadership. In C. L. Pearce & J. A. Conger (Eds.), *Shared leadership: Reframing the hows and whys of leadership* (pp. 285–303). Sage.

23 Fleishman, E. A., Mumford, M. D., Zaccaro, S. J., Levin, K. Y., Korotkin, A. L., & Hein, M. B. (1991). Taxonomic efforts in the description of leader behavior: A synthesis and functional interpretation. *The Leadership Quarterly, 2*(4), 245-287.

24 Gu, J., Chen, Z., Huang, Q., Liu, H., & Huang, S. (2018). A multilevel analysis of the relationship between shared leadership and creativity in inter-organizational teams. *The Journal of Creative Behavior, 52*(2), 109-126.

25 Carmeli, A., Reiter-Palmon, R., & Ziv, E. (2010). Inclusive leadership and employee involvement in creative tasks in the workplace: The mediating role of psychological safety. *Creativity Research Journal, 22*(3), 250-260.

'혼자 가면 빨리 가고,
함께 가면 멀리 간다'라는 말이 있지만,
조직에는 장기적인 목표만 있는 것은 아니다.

5장

조직 시민 행동

Organizational Citizenship Behavior

선행에 대한 대가는
이미 마음속에 있다

∞

직장생활 중간만 가라는 말이 있다. 너무 잘하면 견제를 받거나 일이 몰릴 수 있고, 너무 못하면 다른 사람에게 피해를 주고 불이익을 받을 수 있기 때문이다. 학창시절까지는 남들보다 더 잘하는 것이 덕목인 것처럼 배워왔기에 다소 당황스러운 지침으로 들린다. 심지어 잘하는 것뿐만 아니라 남을 돕는 일도 경계해야 한다는 자조적인 말들도 있다. 나까지 나설 필요는 없다, 헌신하면 헌신짝 된다, 할 줄 안다고 하면 내 일이 된다 등이 그러하다. 직장인들은 공감하는 부분이 있을 것이고, 학생들은 의아해할 것 같다.

조직 시민 행동이란?

조직 시민 행동Organizational citizenship behavior은 공식적인 보상도 없

고 누가 시키지 않았는데도 수행하는 조직을 위한 행동을 의미한다.[1] 다시 말해, 누군가에 의해 강제된 요구도 아니고, 잡 디job description에도 없는 역할을 보상 없이 조직과 팀원들을 위해 수행한다는 것이다. 팀원들의 문제에 관심을 기울이고 해결할 수 있도록 도와주기, 업무가 많은 팀원의 업무를 기꺼이 부담해주기, 팀의 분위기를 좋게 만들기 위해 애쓰기, 다 쓴 물품을 채우고 정리해놓기. 이러한 행동들이 조직 시민 행동에 포함된다.

사소해 보이는 이러한 행동들을 오랜 기간 여러 사람들이 실천한다면 조직 전체의 효과성에 기여할 수 있다. 많은 조직 행동 연구자들은 조직 시민 행동이 개인 차원에서 승진, 인정, 경력 전망career prospects, 개인 자원의 풍부화, 직무 만족, 동기 부여, 조직 몰입 등에 긍정적인 영향을 주고,[2][3][4] 조직 차원에서 협력 행동cooperative behavior, 효율성, 생산성 향상에 기여한다고 밝혔다.[5][6][7][8]

조직 시민 행동의 반전

조직 시민 행동이 대가를 바라지 않지만 사회생활은 give and take가 중요하다. 가족 간에도 마찬가지다. 가족 상담 및 치료 분야의 보스조르메니 나지 교수는 가족 사이에도 보이지 않는 '관계 통장'이 존재한다고 했다. 통장 잔고가 넉넉하면 관계가 좋아지고, 그렇지 못하면 관계가 나빠진다는 것이다. 배려, 헌신, 사랑, 칭찬, 선물, 코칭 등은 통장 잔고를 늘려주는 입금이고, 비협조, 무관심, 폭력, 화, 비난 등은 잔고를 깎아먹는 출금이다. 통장에 입출금이 발생하는 것처럼 관계에도 입출금, 즉 give and take가 발생하고 그에 따라 관계가 변화한다. 키다리 아저씨도 대가를 바라진 않았겠지만 자신이 후원하던 주디와 결혼했다.

몇 가지 이론은 give and take 관점에서 조직 시민 행동의 어두운 측면을 조망한다. 먼저 사회 교환 이론Social Exchange Theory, SET에 따르면, 사람들은 타인과 주고받음의 균형 상태를 가늠하며 관계 유지를 결정한다고 한다.[9][10] 다시 말해, 사람들의 마음속에는 저울이 있어서 남이 나에게 무언가를 베풀면 그 은혜를 갚아야 한다는 부채의식을 느끼고, 내가 남에게 베풀 때에도 반드시 물질적인 것이 아니더라도 대가가 돌아올 것이라고 기대하면서 교환의 균형을 저울질한다는 것이다.[11][12]

다음으로 자원 보존 이론Conservation of Resources Theory에 따르면, 사람들은 가치 있는 자원을 확보하려는 경향이 있어 자원이 사라지거나 그럴 가능성이 있으면 스트레스를 받는다.[13][14] 그런데 조직 시민 행동은 공식 업무 외에 조직과 동료들에게 퍼주는 행동을 하는 격이라 상당한 자원을 투입해야 한다.[15] 아무리 자발적인 행동일지라도 자신의 한정된 시간과 에너지를 소모하기 때문에 그 자원이 보충되지 못하면 지속되지 못한다.

한쪽만 마음을 주는 짝사랑은 오래 가지 못한다. 그렇다고 짝사랑이 집착으로 변질되어서는 곤란하다. 조직 시민 행동도 과하면 독이 된다.[16][17] 최근 연구자들은 조직 시민 행동이 역할 과부하, 역할 비효율, 직무 스트레스, 일-가정 갈등, 직무 불만족, 조직 이탈 행위, 악화된 건강 등과 관련 있다는 연구 결과를 보고하고 있다.[15][18] 주어진 시간은 한정적인데, 조직 시민 행동에 할애하는 시간만큼 핵심 업무를 수행할 시간이 부족하다는 것이다.[15] 연구자들은 조직 시민 행동에 소비하는 시간을 적절하게 할당하고 관리할 것을 권한다.[19][20]

조직 시민 행동이 대가를 바라고 한 행동은 아니지만 묵묵히 수행한 호의가 전혀 돌아오지 않는다면(이를 호혜성이 부족하다고 한다.) 더 이상 그러한 행동을 하지 않을 가능성이 높다.[21] 건강한 조직을 떠올렸을 때, 조직 시민 행동을 하는 조직원들이 존재한다면 우리는 동료들의 호의, 친절, 배려를 당연시하기보다는 어장 관리(?)를 할 필요가 있다. 조직원의 노력이 조직 목표에 기여하는 바를 꾸준히 상기시키고, 업무 수행에 관심을 기울여주는 것은 호혜 관계의 균형을 만들어준다. 이는 사회 교환 이론과 궤를 같이한다. 자기 자신을 희생하는 것처럼 행복한 일은 없다고 도스토예프스키가 말했지만 어느 한쪽의 일방적인 희생이 항상 행복한 결말을 낳는 것은 아니다.

고객 시민 행동Customer Citizenship Behavior이라는 개념도 있다. 예를

들어, 기업에 대한 충성도를 보여주기 위해 주변 사람들에게 홍보하거나 반복 구매를 하는 것과 같이 단순히 고객의 역할을 넘어서는 행동을 말한다.[22] 그런데 고객 시민 행동 역시 과할 때 문제가 된다. 고객은 제품 홍보나 구매에 상당한 시간과 비용을 투자할 수 있고, 특별 대우를 받을 자격이 있다는 인식이 굳어지면 역기능적 고객 행동(무리한 보상이나 갑질 행동 등)을 보일 수 있다는 것이다.[23]

결론

조직 시민 행동은 조직에 이익이 되는 자발적인 보탬 행위이자, 누군가의 자원이 닳는 노고이다. 적절한 수준의 조직 시민 행동은 본인과 조직에 모두 이익이 될지 몰라도, 과도함은 늘 주의를 요한다. 그래서 시간 관리 기술이 중요하다.[19] 시간은 희소한 자원이기 때문에 직원들은 시간을 어떻게 사용할 것인지 선택해야 하는데, 조직 시민 행동에 소비된 시간이 업무 수행에 소비된 시간을 희생시키면서 온다는 점을 기억해야 한다.[15][24] 따라서 조직은 조직 시민 행동의 소비 방향을 조직 성과 향상으로 유도하는 혜안이 필요하다. 예를 들어, 높은 조직 시민 행동을 보이는 조직 구성원에게 코치, 멘토, COP Community of Practice 운영진 등의 역할을 부여할 수 있을 것이다. 시키지도 않은 부수적인 일에 한정된 시간을 할당하면서 업무 비효율성을 초래하기보다는 자신이 가진 것을 다른 사람들과 적극적으로 공유하는 역할을 부여함으로써 소비되는 자원이 간접적으로 조직 성과 향상에 기여하도록 하는 것이다. 이상의 내용을 그림으로 정리하면 다음과 같다.

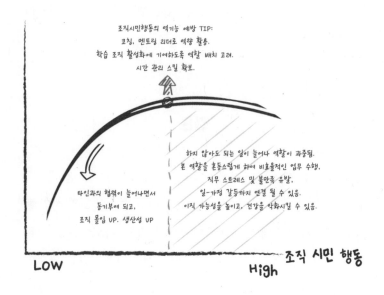

> **아낌없이 주는 나무는 조직에 없다.**
> **통장에 입출금이 발생하는 것처럼**
> **관계라는 통장에도 give and take가 발생해야 한다.**

조직 시민 행동은 어떻게 측정하는가?

Fox 외(2012)[25]의 OCB-C가 있다.

문항	전혀 그렇지 않다	그렇지 않다	보통 이다	그렇다	매우 그렇다
01 나는 동료에게 조언과 코칭, 멘토링을 하는 데 시간을 할애한다.					
02 나는 동료가 새로운 스킬을 학습하는 것을 돕거나 나의 업무 관련 지식을 나누어준다.					
03 나는 신규 입사자들이 업무에 적응할 수 있도록 도와주는 편이다.					
04 나는 직장에서 누군가 업무상 문제가 있을 때 이야기를 경청한다.					
05 나는 업무 수행을 개선하는 방법을 제안한다.					
06 나는 할 일이 너무 많은 동료가 있으면 돕는 편이다.					
07 나는 추가 작업이 생기면 자원하는 편이다.					
08 나는 프로젝트나 과제를 완료하기 위해서라면 주말이나 공휴일을 할애한다.					
09 나는 개인적인 시간을 내서라도 회의나 사내 모임에 참여하는 편이다.					
10 나는 일을 완수하기 위해서라면 식사 시간이나 휴식 시간을 포기하는 편이다.					

Reference

1 Organ, D. W. (1988). *Organizational citizenship behaviour: The good soldier syndrome*. Lexington, MA: Lexington.

2 Lam, C. F., Wan, W. H., & Roussin, C. J. (2016). Going the extra mile and feeling energized: An enrichment perspective of organizational citizenship behaviors. *The Journal of Applied Psychology, 101*(3), 379-391.

3 Podsakoff, N. P., Whiting, S. W., Podsakoff, P. M., & Blume, B. D. (2009). Individual-and organizational-level consequences of organizational citizenship behaviors: A meta-analysis. *Journal of Applied Psychology, 94*(1), 122-141.

4 Rauf, F. A. (2016). Two sides of the same coin: harmful or helpful? A critical review of the consequences of organizational citizenship behavior. *Journal of Advance Management and Accounting Research, 3*(9), 70-90.

5 Hart, T. A., Gilstrap, J. B., & Bolino, M. C. (2016). Organizational citizenship behavior and the enhancement of absorptive capacity. *Journal of Business Research, 69*(10), 3981-3988.

6 Koopman, J., Lanaj, K., & Scott, B. A. (2016). Integrating the bright and dark sides of OCB: A daily investigation of the benefits and costs of helping others. *Academy of Management Journal, 59*(2), 414-435.

7 Organ, D. W., Podsakoff, P. M., & MacKenzie, S. B. (2005). *Organizational citizenship behavior: Its nature, antecedents, and consequences*. Sage Publications.

8 Podsakoff, P. M., MacKenzie, S. B., Paine, J. B., & Bachrach, D. G. (2000). Organizational citizenship behaviors: A critical review of the theoretical and empirical literature and suggestions for future research. *Journal of Management, 26*(3), 513-563.

9 Cropanzano, R., & Mitchell, M. S. (2005). Social exchange theory: An interdisciplinary review. *Journal of Management, 31*(6), 874-900.

10 Mitchell, M. S., Cropanzano, R. S., & Quisenberry, D. M. (2012). Social exchange theory, exchange resources, and interpersonal relationships: A

modest resolution of theoretical difficulties. In K. Törnblom & A. Kazemi (Eds.), *Handbook of social resource theory: Theoretical extensions, empirical insights, and social applications*, (pp. 99-118). Springer.

11 Cropanzano, R., Anthony, E. L., Daniels, S. R., & Hall, A. V. (2017). Social exchange theory: A critical review with theoretical remedies. *Academy of Management Annals, 11*(1), 479-516.

12 Neufeld, A., & Harrison, M. J. (1998). Men as caregivers: Reciprocal relationships or obligation?. *Journal of Advanced Nursing, 28*(5), 959-968.

13 Bolino, M. C., & Turnley, W. H. (2005). The personal costs of citizenship behavior: The relationship between individual initiative and role overload, job stress, and work-family conflict. *Journal of Applied Psychology, 90*(4), 740-748.

14 Hobfoll, S. E. (1989). Conservation of resources. A new attempt at conceptualizing stress. *The American Psychologist, 44*(3), 513-524.

15 Bergeron, D. M. (2007). The potential paradox of organizational citizenship behavior: Good citizens at what cost?. *Academy of Management Review, 32*(4), 1078-1095.

16 Bergeron, D. M., Shipp, A. J., Rosen, B., & Furst, S. A. (2013). Organizational citizenship behavior and career outcomes: The cost of being a good citizen. *Journal of Management, 39*(4), 958-984.

17 Rubin, R. S., Dierdorff, E. C., & Bachrach, D. G. (2013). Boundaries of citizenship behavior: Curvilinearity and context in the citizenship and task performance relationship. *Personnel Psychology, 66*(2), 377-406.

18 Bolino, M. C., Hsiung, H. H., Harvey, J., & LePine, J. A. (2015). "Well, I'm tired of tryin'!" Organizational citizenship behavior and citizenship fatigue. *Journal of Applied Psychology, 100*(1), 56-74.

19 Macan, T. H. (1994). Time management: Test of a process model. *Journal of Applied Psychology, 79*(3), 381-391.

20 Rapp, A. A., Bachrach, D. G., & Rapp, T. L. (2013). The influence of time management skill on the curvilinear relationship between organizational citizenship behavior and task performance. *Journal of Applied Psychology, 98*(4), 668-677.

21 Schaufeli, W. B. (2006). The Balance of Give and Take: Toward a Social Exchange Model of Burnout. *Revue Internationale de Psychologie Sociale, 19*(1),

75-119.

22 Chan, K. W., Gong, T., Zhang, R., & Zhou, M. (2017). Do employee citizenship behaviors lead to customer citizenship behaviors? The roles of dual identification and service climate. *Journal of Service Research, 20*(3), 259-274.

23 Gong, T., & Wang, C. Y. (2023). Unpacking the relationship between customer citizenship behavior and dysfunctional customer behavior: The role of customer moral credits and entitlement. *Journal of Service Theory and Practice, 33*(1), 110-137.

24 Locke, E. A., Smith, K. G., Erez, M., Chah, D. O., & Schaffer, A. (1994). The effects of intra-individual goal conflict on performance. *Journal of Management, 20*(1), 67-91.

25 Fox, S., Spector, P. E., Goh, A., Bruursema, K., & Kessler, S. R. (2012). The deviant citizen: Measuring potential positive relations between counterproductive work behaviour and organizational citizenship behaviour. *Journal of Occupational and Organizational Psychology, 85*(1), 199-220.

6장

리더-구성원 교환

LMX(Leader-Member Exchange)

직장 동료라는 말은 있어도
직장 친구라는 말은 없다

∞

피그말리온 효과Pygmalion effect는 자신이 조각한 조각상 갈라테 아와 사랑에 빠진 피그말리온이 아프로디테에게 갈라테아를 사 람이 되게 해달라 간청했고, 생명을 얻은 갈라테아와 부부가 된 다는 이야기에서 유래했다. 로젠탈 교수의 실험에서 학생들에게 높은 기대를 품은 교사의 학생들이 그렇지 않은 학생들보다 학 업 성취도가 높았는데, 이는 학생들이 교사의 기대치에 부응하 려고 노력했기 때문이라고 한다.[12] 이를 조직에 대입해보면, 리더 가 구성원에게 높은 기대치를 가지면 조직 구성원은 그 기대에 부응하려고 노력하여 성과가 높아지는 것으로 이해할 수 있다.[3]

LMX란?

LMX_{Leader-member exchange} 이론은 리더와 조직 구성원 간 사회 교환, 즉 리더가 조직 구성원에게 투자하고, 조직 구성원은 노력으로 보답하면서 리더와 각 구성원은 고유한 교환 관계를 만들어 간다고 본다.[45] 리더는 개별 구성원과 조금씩 다른 관계를 형성하게 될 텐데 일반적으로 리더는 구성원과 상호작용할 시간이 제한되어 있기 때문에 일부 구성원의 관계가 다른 구성원보다 질적으로 더 나을 수 있다.[6]

조직 구성원의 관점에서 LMX는 리더와의 상호작용을 통해 업무 역할의 성격과 기대치를 관리하고 협상하는 데 활용될 수 있다.[6] LMX의 질은 조직 구성원의 역할에서 도전 및 자율성 범위를 결정하고,[46] 리더와의 관계(호의, 커뮤니케이션 증가 등[7])뿐만 아니라 조직 전체에 대한 헌신에도 영향을 주며,[8] 직원의 성과, 조직 시민 행동, 만족을 향상시키는 것으로 밝혀졌다.[689]

LMX 질이 낮은 조직 구성원에게는 신뢰, 정서적 지원, 권한 부여가 상대적으로 적어진다.[10] LMX에 관한 대부분의 연구는 LMX 질이 높을수록 부하 직원에게 다양한 긍정적인 이점이 있다고 주장한다.[5811] 이들은 LMX 질이 낮은 부하직원들이 누리지 못하는 혜택을 받을 가능성이 높다.[7]

LMX의 반전

Harris와 Kacmar(2006)는 LMX 질에 대한 새로운 관점을 제기한다. 바로 Too-Much-of-a-Good-Thing 효과이다. 상사는 LMX의 질이 높은 부하직원에게 공식적인 직무를 벗어난 일까지도 수행하기를 기대한다.[7][12][13] 우리가 어떤 사이인데? 내가 리더로부터 도움과 배려를 받았으니 마땅히 나도 도와야 할 의무를 느끼는 것이다. 반면, LMX 질이 낮은 조직 구성원들은 공식적인 직무에서 요구하는 작업만 완료하면 된다고 생각한다.[14] 어느 시점에서 상사의 요청이 과도할 경우, 상사와의 양질의 관계에서 생기는 이점이 상쇄될 수 있고, 이로 인해 조직 구성원은 직무에 필요한 의무 이상의 압박이나 스트레스를 느낄 수 있다.[14][15]

흥미롭게도 리더는 시기 질투가 많거나 잘난 척하는 조직 구성원이 있다면 LMX 구축에 보다 신중해야 하는데, 이들이 리더와의 관계가 상대적으로 좋지 않을 경우 동료 간 관계가 악화될 수 있기 때문이다.[16][17] 다른 사람을 부러워하는 경향이 있는 조직 구성원은 리더를 평가절하했고, 나르시시즘이 높은 조직 구성원은 자기 도취적인만큼 다른 사람의 피드백에 지나치게 민감한 편이라 시기 질투를 느껴 성과가 낮아졌다.[18][19]

팀 리더와 다양한 수준의 LMX를 가진 조직 구성원은 리더의 같은 행동에 다른 감정과 행동 반응을 보일 수 있다. 예를 들어, LMX가 높으면 리더의 비인격적 감독을 목격하더라도 피해자에게 공감하기보다는 리더의 행동을 정당화하려는 경향을 보였다.[20] 이는 LMX 수준이 높을수록 감독자의 부정적인 행동까지도 불평 없이 받아들일 가능성이 크다는 것을 시사한다. LMX가 증가할수록 팀 내 모든 것이 좋아질 것이라고 낙관해서는 곤란하다.

결론

직장 동료라는 말은 있어도 직장 친구라는 말은 없다. 회사는 친목하는 곳이 아니라 일을 하는 곳이라는 의미가 아닐까. 리더가 조직 구성원 모두와 두터운 관계를 쌓는다면 더할 나위 없이 좋겠지만 대개 리더는 한 명이고 조직 구성원은 다수다. 리더의 시간은 물리적으로 한정되어 있기 때문에 리더가 모든 조직 구성원과 일정 수준 이상의 좋은 관계를 갖기를 기대하는 것은 욕심일 수 있다. 리더 스스로도 다양한 조직 구성원과 맺은 서로 다른 수준의 관계를 신경 쓰고 유지하는 데 상당한 에너지를 소모할 수밖에 없다. 어떤 관계에 잠깐 더 신경을 쓰는 동안 다른 관계에는 관심이 덜하게 된다. 심한 경우 소외받고 있다고 느끼는 조직 구성원의 원망이 생기거나 특정 구성원에 대한 시기와 질투가 발생할 수 있다.

　리더와 조직 구성원 한 명의 관계만 놓고 보자면 단순히 좋고 나쁘다는 선형적인 관점에서 이야기할 수 있을지도 모르겠다. 그러나 리더와 조직 구성원 전체의 관계는 여러 불균형적인 관계들의 총체라고 바라보는 것이 바람직하다. 따라서 리더는 조직 구성원 한 명과의 관계뿐만 아니라 관계들 간의 격차를 해소하는 관리가 필요하다. 이상의 내용을 그림으로 정리하면 다음과 같다.

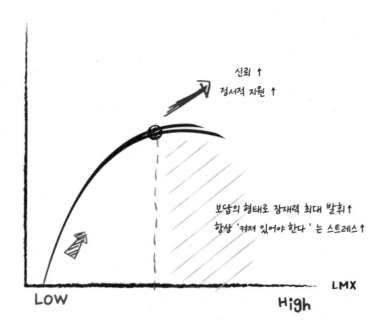

LMX는 어떻게 측정하는가?

    4요인 12문항으로 구성된 Liden과 Maslyn(1998)[21]의 측정도구를 소개하면 다음과 같다.

리더의 시간은 물리적으로 한정되어 있기 때문에
리더가 모든 조직 구성원과 일정 수준 이상의
좋은 관계를 갖기를 기대하는 것은 욕심일 수 있다.

요인	문항	전혀 그렇지 않다	그렇지 않다	보통 이다	그렇다	매우 그렇다
애정	01 나는 리더를 인간적으로 매우 좋아한다.					
	02 나의 리더는 누구나 친구가 되고 싶은 그런 사람이다.					
	03 나는 리더와 함께 일하는 것이 매우 즐겁다.					
충성심	04 나의 리더는 문제가 생기더라도 나의 행동을 먼저 옹호할 것이다.					
	05 나의 리더는 내가 타인으로부터 비난받더라도 나의 편을 들어줄 것이다.					
	06 나의 리더는 내가 명백한 실수를 하더라도 조직 내 다른 사람들로부터 나를 변호해 줄 것이다.					
공헌	07 나는 리더를 위해 직무기술서에 명시된 것 이상으로 일한다.					
	08 나는 리더의 업무 목표를 달성하기 위해 일반적으로 요구되는 것 이상으로 노력을 기울일 의향이 있다.					
	09 나는 리더를 위해 최선을 다하는 것을 마다하지 않는다.					
전문성 존경	10 나는 리더의 업무에 대한 지식에 깊은 인상을 받았다.					
	11 나는 리더의 업무에 대한 지식과 역량을 존중한다.					
	12 나는 리더의 전문적인 능력을 존경한다.					

Reference

1   Rosenthal, R. (1973). The Pygmalion Effect Lives. Psychology today.

2   Rosenthal, R. (2010). Pygmalion effect. *The Corsini Encyclopedia of Psychology*, 1-2.

3   Bezuijen, X. M., Van den Berg, P. T., van Dam, K., & Thierry, H. (2009). Pygmalion and employee learning: The role of leader behaviors. *Journal of Management, 35*(5), 1248-1267.

4   Graen, G. B., & Scandura, T. A. (1987). Toward a psychology of dyadic organizing. In LL Cummings & BM Staw (Eds.), *Research in organizational behavior* (pp. 175–208). JAI Press.

5   Liden, R. C., Sparrowe, R. T., & Wayne, S. J. (1997). Leader-member exchange theory: The past and potential for the future. In. G. R. Ferris (Ed.), *Research in personnel and human resource management* (pp. 47–120). JAI Press.

6   Dienesch, R. M., & Liden, R. C. (1986). Leader-member exchange model of leadership: A critique and further development. *Academy of Management Review, 11*(3), 618–634.

7   Wayne, S. J., Shore, L. M., & Liden, R. C. (1997). Perceived organizational support and leader-member exchange: A social exchange perspective. *Academy of Management Journal, 40*(1), 82–111.

8   Gerstner, C. R., & Day, D. V. (1997). Meta-analytic review of leader-member exchange theory: Correlates and construct issues. *Journal of Applied Psychology, 82*(6), 827–844.

9   Ilies, R., Nahrgang, J. D., & Morgeson, F. P. (2007). Leader-member exchange and citizenship behaviors: A meta-analysis. *Journal of Applied Psychology, 92*(1), 269-277.

10   Harris, K. J., & Kacmar, K. M. (2006). Too much of a good thing: The curvilinear effect of leader-member exchange on stress. *The Journal of Social Psychology, 146*(1), 65-84.

11   Schriesheim, C. A., Castro, S. L., & Cogliser, C. C. (1999). Leader-member

exchange (LMX) research: A comprehensive review of theory, measurement, and data-analytic practices. *Leadership Quarterly, 10*(1), 63–113.

12 Liden, R. C., & Graen, G. (1980). Generalizability of the vertical dyad linkage model of leadership. *Academy of Management Journal, 23*(3), 451–465.

13 Wayne, S. J., & Green, S. A. (1993). The effects of leader-member exchange on employee citizenship and impression management behavior. *Human Relations, 46*(2), 1431–1440.

14 Gouldner, A. W. (1960). The norm of reciprocity: A preliminary statement. *American Sociological Review, 25*(2), 161–178.

15 Edwards, J. R. (1992). A cybernetic theory of stress, coping, and well-being in organizations. *Academy of Management Review, 17*(2), 238–274.

16 Hooper, D. T., & Martin, R. (2008). Beyond personal leader–member exchange (LMX) quality: The effects of perceived LMX variability on employee reactions. *The Leadership Quarterly, 19*(1), 20-30.

17 Liden, R. C., Erdogan, B., Wayne, S. J., & Sparrowe, R. T. (2006). Leader-member exchange, differentiation, and task interdependence: Implications for individual and group performance. *Journal of Organizational Behavior, 27*(6), 723–746.

18 Morf, C. C., & Rhodewalt, F. (2001). Unraveling the paradoxes of narcissism: A dynamic self-regulatory processing model. *Psychological Inquiry, 12*(4), 177–196.

19 Treadway, D. C., Yang, J., Bentley, J. R., Williams, L. V., & Reeves, M. (2019). The impact of follower narcissism and LMX perceptions on feeling envied and job performance. *The International Journal of Human Resource Management, 30*(7), 1181-1202.

20 Hu, J., Zheng, X., Tepper, B. J., Li, N., Liu, X., & Yu, J. (2022). The dark side of leader–member exchange: Observers' reactions when leaders target their teammates for abuse. *Human Resource Management, 61*(2), 199-213.

21 Liden, R. C., & Maslyn, J. M. (1998). Multidimensionality of leader-member exchange: An empirical assessment through scale development. *Journal of Management, 24*(1), 43-72.

7장

워커홀릭의 워라밸

Workaholic's Work-life balance

행복한 인생은
자기가 원하는 일을 원하는 만큼
할 수 있을 때 온다

∞

워라밸이란?

일과 삶의 균형을 의미하는 워라밸Work-life balance은 일과 일 외적인 삶에서 시간과 심리적 에너지를 균형 있게 배분하여 삶의 영역 전반에서 균형 잡힌 만족을 얻는 것으로 정의된다.[12] 워라밸은 업무 관련 결과(예: 직무 만족, 조직몰입, 이직 의도, 결근, 직무 성과, 경력 만족 등), 비업무 결과(예: 삶의 만족, 결혼 만족, 가족 만족, 가족 성과, 여가 만족 등), 스트레스 관련 결과(심리적 긴장, 신체적 증상, 우울증, 번아웃 등)와 관련이 있는 것으로 나타났다.[345]

워라밸의 본질은 출퇴근 시간 엄수가 아니라 일과 삶을 얼마나 잘 관리하느냐에 달려있다. 해야 하는 것have to do과 하고 싶은 것want to do 사이의 적정 온도를 찾아 향유하는 것이라고 할 수 있다. 따라서 일하는 데 8시간, 취미생활이나 자기개발에 8시간, 이렇게 시간 배분을 정확히 나누는 것만으로는 워라밸이라고 볼 수 없다. 프로젝트 마감이 당장 몇 시간 뒤인데 오늘 하루 8시간 근무를 채웠다고 퇴근하는 사람은 없을 것이다. 일이 그렇게 바쁘지 않다면 취미생활 관련 중요 이벤트가 있는 날 연차를 사용할 수도 있다. 워라밸을 하루 동안의 시간 배분에 천착하는 것으로 생각하면 피곤하다. 하루하루를 펼쳐 놓으면 일을 조금 더 많이 한 날도 있고 적게 한 날도 있다. 그러나 며칠, 몇 달을 놓고 시간 배분, 에너지 배분 등에 균형과 조화가 있는지 보는 것이 중요하다.

워커홀릭이란?

어떤 사람에게는 일을 더 많이 하는 것이 본인의 상황이나 가치관에 부합할 수 있다. 누군가에게 10시간 일하는 것은 고된 노동이지만 어떤 사람에게는 자아실현의 과정이다. 이러한 점에서 워커홀릭Workaholic은 남들은 동의하기 어려울 수 있겠지만 본인만의 밸런스를 유지하고 있는 것은 아닐까?

워커홀릭은 일work과 알코올중독자alcoholic를 더한 말로 미국의 심리학자 웨인 오츠가 처음 만든 용어다.[6] 그는 워커홀릭을 알코올중독자가 술에 빠지는 것처럼 일에 대한 욕구가 너무 커져서 개인의 건강, 행복, 대인관계, 사회적 기능을 방해하거나 간섭을 일으키는 사람으로 정의하였다. 워커홀리즘과 워커홀릭은 우리나라에서 일 중독주의, 일 중독자 정도로 통용되고 있다. 워커홀릭은 단지 일을 오래 하거나 열심히 하는 사람을 의미하는 것은 아니고 좀 더 복합적인 의미를 담고 있다.[78] 학계에서는 워커홀리즘을 다양한 방식으로 정의해왔는데, 학자마다 구성요소나 측정도구를 다르게 주장하고 있는 실정이라 학술적 합의에 다다르지는 못했다. 여기서는 학계에서 가장 널리 사용되는 세 가지 측정도구와 최근 제안된 다차원적 워커홀리즘을 소개하겠다.

워커홀릭 측정도구

첫 번째는 Spence와 Robbins(1992)[9]의 Workaholism Battery다. 이들은 업무 몰입work involvement, 내적 압박drive or inner pressure, 즐거움 work enjoyment 세 가지 기준으로 워커홀릭을 정의하고 측정했다. 이들에 따르면, 워커홀릭은 업무 몰입도가 높고, 내적 압박감 때문에 일을 하도록 강요받거나 의욕을 느끼지만 일에 대한 즐거움은 낮은 사람을 의미한다. 높은 업무 몰입도에서 워커홀리즘의 긍정성을 유추해볼 수 있지만 내적 압박이나 낮은 즐거움은 부정성도 공존하는 개념임을 암시한다. 그러나 일부 다른 연구자들은 업무 즐거움도 느낀다고 주장하고 있어 논란의 여지가 있어 보인다.[10][11] 업무 즐거움과 관련하여 모든 워커홀릭이 일을 즐기거나, 매순간 일을 즐겁게 하는 것도 아니다. 물론 일에 대한 관심이나 애착은 일정 수준 이상 갖고 있을 것이다.

연애를 떠올려보면, 상대방에 대한 긍정적 감정이 성숙한 연애로 발전할 수도 있지만 집착으로 변질될 수도 있는 것처럼 일에 대한 애착도 몰입으로 발전할 수도, 중독으로 변질될 수도 있다. 더 극단적으로 도대체 일이 즐거울 수는 있는지 의아할 수도 있다. 정말 놀이처럼 재밌는 즐거움은 아닐지라도 프로젝트가 순조롭게 진행되고, 업무 수행 과정을 통해 성장하고 있음을 느끼며, 일정 정도 성과를 이루었을 때 우리는 일이 재밌다고 표현할 수 있는데, 이 정도의 즐거움을 의미하는 것은 아닐까.

두 번째는 Robinson(1999)[12]의 WART Work Addiction Risk Test 이다. 그는 워커홀리즘을 업무를 적절히 조절할 수 없어 일을 제외한 다른 활동을 배제한 채 자기강박적으로 일에 지나치게 몰두하는 강박 장애로 정의하였다.[12] 그가 개발한 측정도구는 여러 차원으로 구성되는데, 강박적 경향compulsive tendencies, 통제control, 의사소통 장애impaired communication, 자기 몰두self-absorption, 자기 가치self-worth가 그것이다.

세 번째는 Schaufeli, Shimazu, Taris(2009)의 DUWAS The Dutch

Workaholism Scale이다. 이들은 워커홀리즘을 일에 집착하고 강박적으로 지나치게 열심히 일하는 경향으로 정의하였다. 이 측정도구는 과도하게 일하기working excessively와 강박적으로 일하기working compulsively로 구성된다. 후자는 WART의 강박적 경향과 동일하다. 2022년 현재까지 이 측정도구가 가장 널리 활용되고 있는 실정이다.

이상의 내용을 정리하면 워커홀리즘의 몇 가지 공통점이 발견된다. 일중독은 재정적인 이유나 까다로운 상사와 같은 외부 요인 때문에 발생하는 것이 아니었다. 내적으로 느껴지는 '일을 해야 한다는 압박감'에 의해 생겨나는 것이며,[14] 일을 하지 않을 때나 일을 할 수 없을 때도 일 생각을 벗어나지 못하는 데서 부정적 감정을 느끼는 것이다.[11][15][16] 그리고 일에 과도한 시간과 에너지를 소모한다는 공통점이 있다.[14] 즉, 누가 시켜서가 아닌 내 마음속의 어떤 압력 때문에 일 생각을 떠나보내지 못함으로써 불편한 감정을 느끼는 것이라 할 수 있다.

새로운 워커홀릭 측정도구

최근에 소개된 Clark, Smith, Haynes(2020)의 The Multidimensional Workaholism Scale이다. 이 측정도구는 이름에서 알 수 있듯이

다양한 측면(동기, 인지, 감정, 행동)에서 워커홀리즘을 종합적으로 측정한다. 첫째, 동기적 측면은 일에 대한 내적 압력이나 강박을 의미한다. 그 강박이 어느 정도냐면 워커홀릭은 일하는 즐거움보다는 일하지 않는 고통을 더 크게 느낀다고 한다.[17] 둘째, 인지적 측면은 일에 대해서 지속적으로 지나치게 생각하는 것인데, 이러한 생각은 여가 활동 중에도 계속되고, 생각을 멈추는 것을 통제할 수 없어 결국 일에 대한 집착으로 나타난다고 한다. Machlowitz(1978)는 이것을 물리적으로 출근한 것이 아닌 경우에도 심리적으로 직장에 있는 것이라 설명했다. 셋째, 감정적 측면은 일을 하지 않거나 일을 못 하게 될 때 부정적인 감정을 느끼는 것을 의미한다. 일해야 한다는 내적 압력은 죄책감, 불안, 좌절, 분노와 같은 부정적 감정으로 이어질 수 있다.[18] 넷째, 행동적 측면은 요구되거나 기대되는 것 이상으로 과도하게 일하는 것을 의미한다. 여기에는 강렬한 업무 추진력,[19] 많은 시간 근무,[20] 끊임없이 일하거나 일에 과도하게 몰두함[21,22] 등이 포함될 수 있다. 본인이 워커홀릭이라고 생각한다면 이 내용들을 보면서 거울치료가 되길 바란다.

워커홀릭의 반전

주로 부정적으로 묘사된 워커홀리즘도 긍정성을 내포하고 있다. 몰입하는 직원과 일 중독자는 오랜 시간 동안 분투하고 자율적으로 일한다는 점에서 유사한 행동을 보인다.[23] 고용주 입장에서 워커홀릭은 매우 고마운 존재일 것이다. 이들은 조직에 헌신함으로써 신뢰와 인정을 쌓을 수 있고, 빨리 승진하거나 긍정적인 성과를 낼 가능성도 높아진다.[24][25] 하물며 가정 문제를 회피하기 위해 일에 몰두하는 워커홀릭들에게 직장은 피난처이자 안식처로, 가정 문제를 단기적으로 회피시켜준다(?)는 긍정성도 갖는다고 우겨볼 만하다.[26]

워커홀리즘의 긍정성과 관련하여 Baruch(2011)의 초코홀리즘 비유만큼 재밌고 설득력 있는 주장은 아직까지 보지 못한 것 같다. 그의 논리를 한번 살펴보자.

일부 초콜릿에 중독된 사람들이 있는데, 알코올 중독자처럼 초콜릿을 갈망하고, 초콜릿을 더 많이 소비하며, 초콜릿에 의존하는 증상을 보인다. 이들의 초콜릿 중독을 해결하기 위해 더 이상 초콜릿을 먹지 못하도록 통제하거나 적당량만 섭취하도록 유도하는 방법이 있을 것이다. 적당한 초콜릿 섭취는 신체 건강에 긍정적이고 활력을 줄 수 있기 때문에 후자의 방법이 더 세련되어 보인다.[27] 일도 초콜릿과 마찬가지로 긍정이나 부정 어느 한쪽으로 치우치지 않은 가치중립적 개념이다. 적당량의 일은 사람들에게 활력을 불러일으키고 성취감을 느끼도록 만든다. 그런데 사람은 초콜릿만 먹고 살 수는 없다. 적당량의 초콜릿은 긍정적인 효과를 발생시키지만 그렇다고 인체에 필요한 영양을 골고루 제공하는 것은 아니기 때문이다. 일도 마찬가지다. 사람은 일만 하고는 살 수 없다.

결론

정리하자면 초콜릿을 지나치게 섭취하거나 일을 지나치게 많이 하는 극단적인 경우가 아니라면 긍정적인 결과를 낳을 수 있다. 예를 들어, 일중독이 신체적, 정신적 건강을 해치지 않는 수준으로 관리된다면 조직에 대한 충성도, 직무에 대한 만족, 내재적 동기를 높일 수 있다. 그러한 점에서 워커홀릭을 가정에서도 직장에서도 문제를 야기하는 중독자로만 규정하거나 분류해서는 곤란하다. 비즈니스뿐만 아니라 정치, 스포츠, 종교, 의학, 연예 등 다양한 분야에서 영향력 있는 리더들은 자신의 일에 매우 헌신하고 일에 많은 시간을 투자하는 사람들이다. 세계 최고의 부자가 된 테슬라의 일론 머스크도 "당신이 할 수 있는 만큼 정말로 열심히 일해라. 적어도 일주일에 80~100시간가량 투자해야 한다. 그게 성공에 가까이 가는 지름길이다."라고 언급한 적이 있다.

워커홀리즘은 어떻게 측정하는가?

가장 최근에 나온 The Multidimensional Workaholism Scale[28]을 소개하면 다음과 같다.

**사람이 초콜릿만 먹고 살 수 없는 것처럼
사람이 일만 하고는 살 수 없다.**

요인	문항	전혀 그렇지 않다	그렇지 않다	보통 이다	그렇다	매우 그렇다
동기적	01 나는 일을 하게 만드는 내적 압박감을 항상 가지고 있다.					
	02 나는 내면에 일을 해야 한다고 느끼는 부분이 있기 때문에 일한다.					
	03 나는 항상 일하고 싶은 강한 내적 욕구가 있다.					
	04 내 안에는 나를 일하게 만드는 압박감이 있다.					
인지적	05 나는 일에 대한 생각을 멈출 수 없는 느낌이 들곤 한다.					
	06 나는 일반적으로 여가시간에도 일을 생각하는 편이다.					
	07 언제든지 내 생각의 대부분은 일과 관련 있다.					
	08 나나는 일을 멈추어도 일 생각을 멈추기가 어렵다.					
정서적	09 어떤 이유로든 하루라도 일을 못 하면 속상하다.					
	10 나는 일을 할 수 없을 때 거의 항상 실망감을 느낀다.					
	11 나는 일을 계속할 수 없을 때, 속상한 기분이 든다.					
	12 어떤 일로 일을 하지 못하게 되면 나는 대개 불안해진다.					
행동적	13 동료들 대부분이 쉴 때에도 나는 계속 일하는 편이다.					
	14 나는 나에게 기대되는 것보다 더 많이 일하는 편이다.					
	15 나는 대부분의 동료들보다 더 오래 일하는 편이다.					
	16 나는 직무기술서에서 요구하는 것 이상으로 더 일하는 편이다.					

비선형조직 Nonlinear Organization

Reference

1 Clark, S. C. (2000). Work/family border theory: A new theory of work/family balance. *Human Relations, 53*(6), 747-770.

2 Greenhaus, J. H., Collins, K. M., & Shaw, J. D. (2003). The relation between work–family balance and quality of life. *Journal of Vocational Behavior, 63*(3), 510-531.

3 Keyes, C. L. (2002). The mental health continuum: from languishing to flourishing in life. *Journal of Health and Social Behavior, 43*(2), 207-222.

4 Marks, S. R., & MacDermid, S. M. (1996). Multiple roles and the self: A theory of role balance. *Journal of Marriage and the Family, 58*(2), 417-432.

5 Sirgy, M. J., & Lee, D. J. (2018). Work-life balance: An integrative review. *Applied Research in Quality of Life, 13*(1), 229-254.

6 Oates, W. (1971). *Confessions of a Workaholic: The Facts about Work Addiction*, New York, NY: World.

7 Douglas, E. J., & Morris, R. J. (2006). Workaholic, or just hard worker?. *Career Development International, 11*(5), 394-417.

8 Harpaz, I., & Snir, R. (2003). Workaholism: Its definition and nature. *Human Relations, 56*(3), 291-319.

9 Spence, J. T., & Robbins, A. S. (1992). Workaholism: Definition, measurement, and preliminary results. *Journal of Personality Assessment, 58*(1), 160-178.

10 McMillan, L. H., & O'Driscoll, M. P. (2006). Exploring new frontiers to generate an integrated definition of workaholism. In R. J. Burke (Ed.), *Research companion to working time and work addiction* (pp. 89-107). Northampton.

11 Ng, T. W., Sorensen, K. L., & Feldman, D. C. (2007). Dimensions, antecedents, and consequences of workaholism: A conceptual integration and extension. *Journal of Organizational Behavior, 28*(1), 111-136.

12 Robinson, B. E. (1999). The Work Addiction Risk Test: Development of a

tentative measure of workaholism. *Perceptual and Motor Skills, 88*(1), 199-210.

13 Schaufeli, W. B., Shimazu, A., & Taris, T. W. (2009). Being driven to work excessively hard: The evaluation of a two-factor measure of workaholism in the Netherlands and Japan. *Cross-cultural Research, 43*(4), 320-348.

14 Clark, M. A., Michel, J. S., Zhdanova, L., Pui, S. Y., & Baltes, B. B. (2016). All work and no play? A meta-analytic examination of the correlates and outcomes of workaholism. *Journal of Management, 42*(7), 1836-1873.

15 Taris, T. W., Schaufeli, W. B., & Shimazu, A. (2010). The push and pull of work: About the difference between workaholism and work engagement. In A. B. Bakker & M. P. Leiter (Eds.), *Work engagement: A handbook of essential theory and research* (pp. 39-53). Psychology Press.

16 Ten Brummelhuis, L. L., Rothbard, N. P., & Uhrich, B. (2017). Beyond nine to five: Is working to excess bad for health?. *Academy of Management Discoveries, 3*(3), 262-283.

17 Machlowitz, M. M. (1978). *Determining the effects of workaholism*. Unpublished doctoral dissertation, Yale University, New Haven, CT.

18 Morris, S., & Charney, N. (1983). Workaholism: Thank god it's Monday. *Psychology Today, 17*(6), 88-88.

19 Aziz, S., Uhrich, B., Wuensch, K. L., & Swords, B. (2013). The Workaholism Analysis Questionnaire: Emphasizing work-life imbalance and addiction in the measurement of workaholism. *Journal of Behavioral and Applied Management, 14*(2), 71-86.

20 Snir, R., & Harpaz, I. (2012). Beyond workaholism: Towards a general model of heavy work investment. *Human Resource Management Review, 22*(3), 232-243.

21 Robinson, B. E. (1998). The workaholic family: A clinical perspective. *American Journal of Family Therapy, 26*(1), 65-75.

22 Schaufeli, W. B., Taris, T. W., & Bakker, A. B. (2008). It takes two to tango: Workaholism is working excessively and working compulsively. In R. J. Burke, & C. L. Cooper (Eds.). *The long work hours culture: Causes, consequences and choices* (pp. 203–226). Bingley.

23 Lee, Y., Lee, J. Y., & Lee, J. (2022). The relationship between work engagement and workaholism: A systematic review and meta-analysis. *European Journal of*

Training and Development, 46(9), 996-1028.

24 Hodson, R. (2004). Work life and social fulfillment: Does social affiliation at work reflect a carrot or a stick?. *Social Science Quarterly, 85*(2), 221-239.

25 Snir, R., & Zohar, D. (2008). Workaholism as discretionary time investment at work: An experience-sampling study. *Applied Psychology, 57*(1), 109-127.

26 Hochschild, A. R. (1997). When Work Becomes Home and Home Becomes Work. *California Management Review, 39*(4), 79-97.

27 Baruch, Y. (2011). The positive wellbeing aspects of workaholism in cross cultural perspective: The chocoholism metaphor. *Career Development International, 16*(6), 572-591.

28 Clark, M. A., Smith, R. W., & Haynes, N. J. (2020). The Multidimensional Workaholism Scale: Linking the conceptualization and measurement of workaholism. *The Journal of Applied Psychology, 105*(11), 1281-1307.

8장

직무 열의

Work Engagement

빨아 먹어도 되는 사탕을
부서 먹을 필요는 없다

∞

Work engagement란?

Work engagement*는 국내에서 직무 열의 또는 일 몰입으로
번안되는데, 아직까지 학계에서 그 용어의 번역에 대한 완전
한 합의에 이르지 못했다. 보통 work를 '일', job을 '직무'로 번역
한다는 점과 commitment나 flow 등 몰입으로 통용되는 다른 개
념이 있다는 점에서 두 번안 모두 매끄럽지 못하기 때문이다.
외국에서는 engagement 자체의 개념보다는 work engagement,
employee engagement, job engagement, role engagement, personal
engagement 등 유사 용어들 중 어떤 용어가 개념적으로 더 적
절한지에 대한 논의가 여전히 현재진행형이다.[23] 실무에서는
employee engagement, 학계에서는 work engagement가 더 많이 사

* HRD 정책연구소 이슈페이퍼(이윤수, 2021. 4.) 내용을 수정하였음.

용된다고 설명하는 학자도 있고, employee engagement가 HRD 맥락에서 더 적합하다고 주장하는 학자도 있다. 그러나 현재 시점까지는 work engagement 측정도구가 더 널리 사용되고 있다는 점에서 work engagement라는 용어를 사용하기로 한다.

Work engagement는 직장인 스트레스 만성피로 증후군이라 불리는 '직무 소진burnout' 개념의 반대 개념으로 연구되기 시작했다. 직무 소진은 세계보건기구WHO 공식 질병으로 잠시 분류됐다가 최종적으로 직업 관련 증상으로 정의되었는데, 정신적 건강, 자아존중감, 열정뿐만 아니라 가정생활에도 부정적인 영향을 미치는 것으로 알려져 있다. 최근에는 두 개념이 하나의 스펙트럼에서 서로 멀리 떨어진 개념으로 조정되었다.

특히 최근 한 연구에서 work engagement와 직무 소진을 동시에 경험할 수 있다는 연구 결과를 발표했는데,[4] 일에 지나치게 몰입하다가 소진된 유형을 발견하였다highly engaged-exhausted profile. 이를 과몰입 만성피로자 정도로 명명하자. 일이 재밌어서 열심히 하다가 에너지 고갈로 직무 소진에 다다를 수도 있겠다고 생각하니 납득이 갔다. 일반적으로 상사의 지원이나 성장 기회 같은 자원resources이 풍부하면 업무에 몰입하는 데 좋고, 과도한 업무량 같은 요구demands가 많으면 직무 소진을 유발하는 경향이 있는데, 자원과 요구가 항상 배타적인 것은 아니다.[4] 과몰입 만성피로자는 대개 높은 자원과 높은 요구를 함께 경험하고 있었다고 한다. 대개 조직은 자원만 있거나 요구만 있지 않다. 둘 다 공존한다. 더 많이 지원해주는 대신 더 많은 일을 요구하는 상황이 발생한 다면 주변에 과몰입 만성피로자의 출현이 더 잦아질 수도 있을 것 같다.

Work engagement는 직무 소진과는 공존할 수도 있는 개념으로 포지셔닝되었으나 직무 만족, 조직 몰입, 직무 참여, 몰입, 일중독 등의 개념과 차별화되는 점이 무엇인지, 단순히 이름만 재포장된 개념이 아닌가 하는 논란으로부터도 여전히 자유롭지 못하다. 예를 들어, 일중독의 하위 요인 중 working excessively도 work engagement의 흡수와 유사하다는 연구 결과가 있었고, 최근에는 직장 내 번성thriving at work의 하위 요인 중 하나인 vitality와 work engagement의 활력과 유사하다는 연구 결과도 있다.[56]

Work engagement는 번역 이슈와 개념적 변별성 부족에도 불구하고 HRD 분야에서 가장 인기 있는 변수 중 하나이다. Work engagement의 정의와 측정도구는 Schaufeli와 동료들의 것이 보편적으로 사용된다.[7] 그들에 따르면, work engagement는 활기vigor, 헌신dedication, 몰두absorption를 특징으로 하는 긍정적이고 만족스러운 업무 관련 정신 상태를 의미한다. 활력은 일하는 동안 보이는 높은 수준의 에너지, 정신적 회복력, 일에 노력을 투자하려는 의지와 끈기를, 헌신은 열정, 영감, 자부심, 도전정신을, 흡수는 완전히 일에 집중하고 몰두하는 것을 뜻한다. Work engagement의 정의만 놓고 보면, 자신의 커리어를 쌓고 있는 개인 입장에서도, 수많은 조직원들의 사명감과 책임감으로 지탱되는 조직 입장에서도 상당히 매력적인 심리 상태라는 생각이 든다. 실제로 work engagement는 직무 성과뿐만 아니라 직원의 건강과 행복에 기여한다는 연구 결과가 많다.

그런데 한국에서 engagement가 된 직원이 얼마나 많을까. 유학 시절, 지금은 교수가 된 상담심리를 전공한 친구에게 work engagement 측정도구를 보여준 적이 있는데, 이 정도면 조증 환자가 아니냐는 감상을 들은 적이 있다. 고개를 저절로 끄덕일 수밖에 없었던 것이 work engagement를 측정하는 문항을 살펴보면,[8] "나는 아침에 일어나면 일하러 가고 싶은 생각이 든다.", "나는 일을 할 때 나 자신이 힘차고 활기 있다고 느낀다."와 같은 질문들로 구성되어 있기 때문이다.

"일은 인간의 본성에 맞지 않는다. 하면 피곤해지는 게 그 증거다." 프랑스 작가 미셸 투르니에가 한 말이다. 진심으로 혹은 자조적으로 후자의 문장에 더 공감하더라도 work engagement를 경험하는 것은 정말 행복한 일일 것이다. Work engagement도 이미 이상적인 상태에 있는 사람을 측정하는 것이 아니라 그러한 이상적인 상태를 상정해놓고 거기에 가까운 정도를 측정한다고 이해하는 것이 맞을 것이다.

직무 소진은 어떻게 측정할까?

Maslach Burnout Inventory(MBI)라는 가장 유명한 측정도구가 있지만 라이센스 문제가 있어 대안으로 Burnout Assessment Tool (BAT)[9]을 소개하면 다음과 같다.

요인	문항	전혀 그렇지 않다	그렇지 않다	보통 이다	그렇다	매우 그렇다
탈진	01 직장에서 나는 정신적으로 지쳐 있다.					
	02 직장에서 하는 모든 일에는 많은 노력이 필요하다.					
	03 하루 일과를 마치면 기력을 회복하기 어렵다.					
	04 직장에서 나는 육체적으로 피곤함을 느낀다.					
	05 아침에 일어났을 때, 직장에서 새로운 하루를 시작할 에너지가 부족하다.					
	06 나는 직장에서 활발히 일하고 싶은데 왠지 그럴 수가 없다.					
	07 나는 일에 힘쓰면 금방 피곤해진다.					
	08 하루 일과가 끝나면 정신적으로 지친다.					

심리적 거리감	09 나는 내 일에 대한 열정을 찾기 위해 노력한다.					
	10 직장에서 나는 하고 있는 일에 대해 많이 생각하지 않고 기계적으로 일한다.					
	11 나는 내 일에 대해 강한 혐오감을 느낀다.					
	12 나는 내 일에 무관심한 편이다.					
	13 나는 타인에게 내 일이 어떤 의미를 갖는지에 대해 회의적이다.					
인지 장애	14 나는 직장에서 정신을 집중하기 어렵다.					
	15 나는 직장에서 명확하게 생각하기 어렵다.					
	16 나는 직장에서 잘 까먹고 산만한 편이다.					
	17 나는 일할 때 집중이 잘 안 된다.					
	18 나는 다른 일에 정신이 팔려 일을 하다 실수를 할 때가 있다.					
정서 장애	19 나는 직장에서 감정을 조절하기 어렵다고 느낀다.					
	20 나는 직장에서 어떻게 감정적으로 반응해야 할지 잘 모르겠다.					
	21 나는 일이 뜻대로 되지 않으면 짜증이 난다.					
	22 나는 직장에서 이유 없이 화가 나거나 슬플 때가 있다.					
	23 직장에서 본의 아니게 과민반응을 보일 때가 있다.					

Work engagement의 이론적 발달

　Work engagement는 Kahn(1990)[10]에 의해서 처음 정의된 후 주로 Health 분야에서 연구되다가 2010년이 되어서야 HRD 학자들과 실무자를 위한 학회인 AHRD 컨퍼런스에서 처음 소개되었다. 아직까지는 실무보다는 학계의 관심이 상대적으로 더 높은 것 같다. 그 이유는 다양하겠지만 HRD에서 자주 사용되는 직무만족이나 조직몰입에 대한 연구는 포화상태에 이르러 뭔가 새로운 것을 찾고자 하는 연구자들의 요구와 직무-요구 자원Job demands and resources 모델이라는 탄탄한 이론적 근거에 기반을 둔다는 점에서 더 관심을 갖는 것으로 짐작된다.

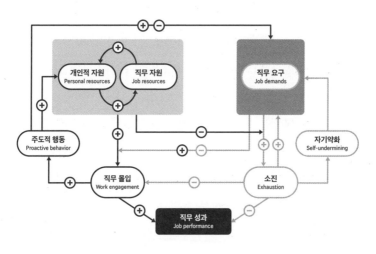

직무 요구-자원 모형(Bakker & Demerouti, 2017)[15]

직무-요구 자원 모형은 초기 직무 요구-직무 소진과 직무 자원-work engagement의 dual process가 강조되는 매우 간단한 모형이었다.[11][12] 직무 요구는 과도한 업무량, 역할 모호성 등 육체적, 심리적 투자가 필요한 직업 특성을 의미하고, 직무 자원은 경력개발 기회, 리더의 지원 등 조직으로부터 제공받는 자원을 의미한다.[13] 이후 낙관주의, 자기효능감, 자아존중감, 회복탄력성과 같은 주변 환경을 관리하는 개인의 능력을 의미하는 개인 자원personal resources이 모델에 추가되었고,[14] 2017년에는 직무 자원과 개인 자원의 상호작용, 직무 재창조job crafting와 self-undermining 등이 추가되면서 모형이 더 정교화되었다. HRD 분야에서는 직무성과를 비롯한 조직 관련 결과 변수(심리적 웰빙, 직무 만족, 조직 몰입)에 천착해왔고, 다양한 조직 관련 직무 요구, 직무 자원, 개인자원(리더십, 기술 재량, 의사결정 권한, 상사와 동료의 지원, 워라밸 등)을 독립변수로 다뤄왔다. 직무 재창조, 경력개발, 직장 내 번성 등 work engagement와 관련된 변수들을 연구하여 모델을 확장하려는 시도도 있었다.

연구자들에게는 모형이 정교화될수록 실증연구를 수행하기편리한 이점이 분명하지만 실무적 관점에서는 이런 복잡한 모형이 어떤 의미를 제공하는지 직관적으로 이해하기 어려울 수 있다. 직무 요구를 줄이고, 직무 자원과 개인 자원을 높이는 것과같이 특정 근무 환경 조건을 구축해야 한다는 생각이 스칠 수 있겠지만, 단순히 그런 환경 구축만으로 직무 성과 향상이 반드시 담보되는 것은 아니다.[16] 다시 말해, work engagement와 같은 동기를 유발시키고, strain을 줄이는 데 실질적인 기여를 하는 직무환경이 구축되어야 하고, 직무 재창조와 같은 적절한 개입이 수반되어야 한다. 예를 들어, 직원의 직무를 명확하게 해주는 것은 직무 요구를 줄이고, 직무 자원을 증가시키는 방편이지만 그것이 work engagement와 같은 동기를 유발하는 방식으로 이루어져야 한다는 것이다. 도전적인 직무는 때로는 직무 요구를 증가시키는 것처럼 보이지만 성장감을 중시하는 직원들에게는 동기를 유발시킬 수 있기 때문에 천편일률적으로 직무 명확성을 위해 직무를 줄이는 것은 모두에게 득이 되는 것은 아닐 수 있다.

Work engagement를 높이는 인터벤션은?

좀 더 구체적인 내용은 다음 그림에 체계적으로 정리되어 있는데[17], 직무 요구와 자원을 조정하기 위해 조직 수준에서는 직무 재설계job redesign를, 개인 수준에는 직무 재창조를 사용할 수 있다. 직무 재설계는 조직의 구조적 개입을 통해 업무 성과 향상을 개선하는 목적으로 직무, 과제, 조건을 변경하는 과정이다.[17] Bakker와 Demerouti(2014)[17]는 직무 재설계와 관련하여 인사 관리자나 개인 코치가 인터뷰를 통해 개별 직원의 특정 요구나 필요한 자원이 무엇인지 파악하여 맞춤형 JD-R 프로파일을 구성하고, 작업 환경을 최적화하는 데 활용할 것을 제안하였다. 직무 재창조는 직원이 스스로 직무를 선택하고, 다른 과제 내용을 협상하며, 직무에 의미를 부여함으로써 직무를 변경하는 것을 의미한다.[18] 이를 위해 직원들에게 자신의 기술이나 요구에 부합하게 작업 방식, 작업 시기, 작업 대상 등 직무를 조정할 수 있도록 기회를 제공하고, 피드백과 코칭을 통해서 방해되는 직무 요구를 줄이고, 도전적인 직무와 직무 자원을 늘리도록 조력할 수 있다.[17] 개인 자원을 조정하기 위해 조직 수준에서는 훈련 및 개발training and development을 고려할 수 있고, 개인 수준에서는 강점 기반strengths-based 개입을 고려할 수 있다. 훈련 및 개발은 새로운 지식, 기술, 문제해결 능력을 제공하는데, 교육의 초점을 자기효능감, 회복

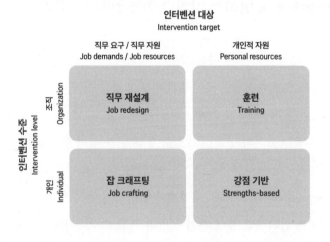

인터벤션 대상
Intervention target

		직무 요구 / 직무 자원 Job demands / Job resources	개인적 자원 Personal resources
인터벤션 수준 Intervention level	조직 Organization	직무 재설계 Job redesign	훈련 Training
	개인 Individual	잡 크래프팅 Job crafting	강점 기반 Strengths-based

JD-R 모델에 근거한 대상 및 수준별 인터벤션(Bakker & Demerouti, 2014)[17]

탄력성, 낙관주의 같은 개인 자원을 증가시키는 활동, 토론, 성찰 등에 맞춰 활용할 수 있다.[19] 강점 기반 개입은 직원의 긍정적인 강점들, 예를 들어 호기심, 용기, 친절, 감사 등을 적극적으로 활용하도록 권장하고, 개별 피드백을 통해 강점의 빈도를 증가시키고 인사이트를 얻도록 유도하는 것이다. 이를 통해 직원의 자기효능감을 증가시키고 우울 증상을 감소시킬 수 있다.[17]

대개 조직은 자원만 있거나 요구만 있지 않다.
둘 다 공존한다.
더 많이 지원해주는 대신 더 많은 일을 요구한다면
더 많은 과몰입 만성피로자들만 양산될 것이다.

Work engagement는 어떻게 측정하는가?

　가장 대표적으로 17개 문항으로 구성된 Utrecht Work Engagement Scale[7]이 있는데 간소화된 버전이 있어 이를 소개하면 다음과 같다.

요인	문항	전혀 그렇지 않다	그렇지 않다	보통 이다	그렇다	매우 그렇다
활기	01 나는 일을 할 때면, 에너지가 넘친다.					
	02 나는 일을 할 때, 나 자신이 힘차고 활기 있다고 느낀다.					
	03 나는 내 일에 열정적이다.					
헌신	04 나의 직무는 나를 고무시킨다.					
	05 나는 아침에 일어나면, 일하러 가고 싶은 생각이 든다.					
	06 나는 집중해서 일을 할 때 행복감을 느낀다.					
몰두	07 나는 내가 하고 있는 일이 자랑스럽다.					
	08 나는 나의 일에 매료되어 있다.					
	09 나는 일을 할 때 완전히 빠져든다.					

Reference

1 이윤수. (2021. 04.) Work engagement 연구 동향 및 실천적 시사점 [HRD Issue Paper]. 고려대학교 HRD 정책연구소, 22, 1-9.

2 Carasco-Saul, M., Kim, W., & Kim, T. (2015). Leadership and employee engagement: Proposing research agendas through a review of literature. *Human Resource Development Review, 14*(1), 38-63.

3 Kim, W., Kolb, J. A., & Kim, T. (2013). The relationship between work engagement and performance: A review of empirical literature and a proposed research agenda. *Human Resource Development Review, 12*(3), 248-276.

4 Moeller, J., Ivcevic, Z., White, A. E., Menges, J. I., & Brackett, M. A. (2018). Highly engaged but burned out: Intra-individual profiles in the US workforce. *Career Development International, 23*(1), 86-105.

5 Bakker, A. B., & Leiter, M. P. (Eds.). (2010). *Work engagement: A handbook of essential theory and research*. Psychology press.

6 Lee, J. Y., & Lee, Y. (2021). A validation study of the Korean version of the thriving at work measurement. *European Journal of Training and Development, 45*(8/9), 762-778.

7 Schaufeli, W. B., Salanova, M., González-Romá, V., & Bakker, A. B. (2002). The measurement of engagement and burnout: A two sample confirmatory factor analytic approach. *Journal of Happiness Studies, 3*(1), 71-92.

8 Schaufeli, W. B., Bakker, A. B., & Salanova, M. (2006). The measurement of work engagement with a short questionnaire a cross-national study. *Educational and Psychological Measurement, 66*(4), 701–716.

9 Hadžibajramović, E., Schaufeli, W., & De Witte, H. (2020). A Rasch analysis of the burnout assessment tool (BAT). *PloS one, 15*(11), 1-19.

10 Kahn, W. A. (1990). Psychological conditions of personal engagement and disengagement at work. *Academy of Management Journal, 33*(4), 692-724.

11 Demerouti, E., Bakker, A. B., Nachreiner, F., & Schaufeli, W. B. (2001). The job demands-resources model of burnout. *Journal of Applied Psychology, 86*(3),

499–512.

12 Schaufeli, W. B., & Bakker, A. B. (2004). Job demands, job resources, and their relationship with burnout and engagement: a multi-sample study. *Journal of Organizational Behavior, 25*(3), 293–315.

13 Hakanen, J. J., & Roodt, G. (2010). Using the job demands-resources model to predict engagement: Analysing a conceptual model. In A. B. Bakker & M. P. Leiter (Eds.), *Work engagement: A handbook of essential theory and research* (pp. 85-101). New York, NY:Psychology Press.

14 Xanthopoulou, D., Bakker, A. B., Demerouti, E., & Schaufeli, W. B. (2007). The Role of Personal Resources in the Job Demands-Resources Model. *International Journal of Stress Management, 14*(2), 121-141.

15 Bakker, A. B., & Demerouti, E. (2017). Job demands–resources theory: Taking stock and looking forward. *Journal of Occupational Health Psychology, 22*(3), 273–285.

16 Lee, Y. (2019). JD-R model on psychological well-being and the moderating effect of job discrimination in the model: Findings from the MIDUS. *European Journal of Training and Development, 43*(3/4), 232-249.

17 Bakker, A. B., & Demerouti, E. (2014). Job demands–resources theory. In P. Y. Chen, & C. L. Cooper *Wellbeing: A complete reference guide* (pp. 1–28). John Wiley & Sons.

18 Parker, S. K., & Ohly, S. (2008). Designing motivating jobs. An expanded framework for linking work characteristics and motivation. In R. Kanfer, G. Chen, & R. D. Pritchard (Eds.), *Work motivation: Past, present and future* (pp. 233–284). Routledge.

19 Luthans, F., Avey, J. B., Avolio, B. J., & Peterson, S. J. (2010). The development and resulting performance impact of positive psychological capital. *Human Resource Development Quarterly, 21*(1), 41-67.

9장

직무 자율성

Job Autonomy

큰 힘에는 큰 책임이 따른다

∞

재택근무와 자율성

COVID-19로 재택근무가 확대됨에 따라 일부 조직의 리더들은 조직 구성원들의 업무용 컴퓨터에 일정 시간 움직임이 없으면 '자리 비움' 상태가 되도록 조치했다. 조직 구성원을 직접적으로 관리 감독할 수 없는 상황에 대한 답을 찾은 것이다. '자리 비움'은 리더와 조직 구성원의 상상력을 자극한다. 리더 입장에서는 조직 구성원이 화장실을 간 것인지, 카페에 나가 친구를 만나는 것인지 알 수 없다. 조직 구성원 입장에서는 잠깐 출력물을 읽고 있었는데 그동안 소파에서 잠을 자고 온 것으로 리더가 오해할까 봐 노심초사할 수 있다. 그러자 마우스 무버라는 제품이 출시되었다. 마우스를 마우스 무버 위에 올려두면 자동으로 마우스기 움직여 상태 표시가 계속 활성화되도록 해준다. 리더의 감시와 오해를 받는 상황에 대한 답을 찾은 것이다. 크리스토퍼 놀란 감독의 영화 〈인터스텔라〉에 이런 명대사가 있다. "We will find a way. We always have(우리는 답을 찾을 것이다. 늘 그랬듯이)."

재택근무는 통근 시간과 비용을 줄이고, 더 나은 일과 삶의 균형에 기여한다.[12] 특히 시간을 자유롭게 사용할 수 있어[34] 업무 효율을 극대화할 수 있는 시간 조절이 가능하다. 예를 들어, 배가 덜 고프면 점심을 늦게 먹거나, 집중이 잘되지 않을 때 쉴 수 있다. 출퇴근 시간이 절약되는 만큼 다른 일을 할 수 있고, 굳이 잘 차려입거나 화장을 할 필요도 없다. 재택근무는 생산성에도 기여할 수 있는데, 재택근무를 하는 사람들이 전술한 이유로 더 큰 직무동기와 만족도를 가지기 때문이다.[567] 재택근무는 직무 자율성을 부여함으로써 더 나은 생산성을 창출할 잠재력이 있는 것이다.

재택근무는 ICT Information & Communications Technology의 발전으로 가능해졌다고 해도 과언이 아니다. 모바일, 이메일의 사용은 공간의 제약을 넘어 일하는 장소의 유연성을 가능하게 했고, 즉각적 상호작용을 향상시켰다.[8] 그러나 동시에 업무와 개인생활의 경계를 모호하게 만들었다. 조직 구성원은 항상 접속해 있어야 한다Always-on는 강박은 일의 종료 시점을 불명확하게 만들었고, 이는 워라밸의 붕괴와 일중독을 유발할 수 있다.[9]

직무 자율성이란?

"과장님 이번 품의서는 어떻게 할까요?", "교수님 과제는 어떻게 할까요?", "여보 이거 살까 말까?", "엄마 이거 해, 하지 마?" 등의 질문에 선택을 해야 할 때, 타인에게 책임을 미루고 싶을 때 흔히 쓰는 가장 최악의 답변이 "알아서 해."이다. 모호한 지시를 알아서 잘 딱 깔끔하게 센스 있게 처리하는 것만큼 어려운 일이 없다. 알아서 해 갔더니 그렇게 의중을 모르냐고 핀잔을 들을 수도 있고, 잘못된 뜻풀이로 실수라도 하면 그 책임까지 져야 한다. 즉, 자율성이 높은 수준으로 주어지면, 개인의 성향이 행동 결정에 더 많은 영향을 미친다. 그러나 자율성이 낮을 경우에는 세세한 규정, 규칙 및 마이크로 매니지먼트 등 주변 요인으로 인해 많은 제약을 받게 되어 개인의 성향이 행동에 거의 영향을 미치지 못하게 된다.[10]

직무 자율성Job Autonomy이란 업무의 계획과 수행 과정에서 개인에게 실질적인 자유, 독립성, 재량권을 부여하는 것을 의미한다.[11] 이는 조직에서 개인이 업무를 수행하는 방식과 기준을 스스로 통제하고 결정할 수 있게 함으로써,[12] 자유롭고 독립적으로 업무를 배치하고 업무 관련 결정 및 수행방식을 결정할 수 있도록 한다.[13] 최근에는 유연근무제, 재택근무 같은 근무 형태의 변화와 기술의 발전으로 직무 자율성은 핵심 업무 특성으로 더욱 강조되고 있다.[14][15] 직원의 재량은 언제, 어디서, 어떤 순서로, 어떤 방식으로 작업을 완료하는지 관련되어 있으며, 이는 창의성과 혁신을 촉진하는 데 도움이 된다.[14]

직무 자율성의 이론적 근거

직무 자율성은 Hackman과 Oldham(1976, 1980)의 직무 특성 이론Job Characteristics Theory*에서 처음 소개되었다. 이 이론에 따르면, 직무 자율성은 직원의 만족도, 동기부여 및 성과와 관련된 주요 업무 특성 중 하나이다. 직무 요구-자원 모델Job Demands-Resources Model, JD-R Model**에서도 직무 자율성은 긍정적인 작업 자원을 증가시키며, 작업 요구 사항으로 인한 부정적인 영향을 줄이는 역할을 한다고 설명한다. 예를 들어, 직무 자원은 사회적 지원, 상사 피드백, 자율성, 경력 기회 등 직무 수행에 필요한 자원 등이 포함될 수 있으며, 직무 요구에는 직무상에서 부담을 초래할 수 있는 요소들로 업무량, 시간적 스트레스, 정서적 요구, 역할 모호성과 갈등, 작업량 및 업무 스트레스 등이 포함될 수 있다. 여러 연구에 따르면, 직무 자율성은 구성원의 창의성, 혁신적 성과, 업무

● 직무가 가지는 객관적 요소가 조직의 동기부여 또는 직무만족, 성과 향상에 영향을 준다고 보는 이론이다. 핵심 직무 특성으로 기술 다양성, 과업 정체성, 과업 중요성, 직무 자율성, 피드백이 있다.
●● 직무 환경에서의 직무 요구와 직무 자원이라는 두 가지 범주가 직원의 성과와 직무 만족에 영향을 미친다는 이론이다.

효율성, 직무 만족, 일과 삶의 균형을 높이고,[16][17][18] 이직 의도와 정서적 소진을 낮춘다고 알려져 있다.[19]

직무 자율성의 반전

일부 연구에 따르면, 직무 자율성이 일 처리를 어렵게 만들고 조직원을 불행하게 만들 수도 있다고 한다.[20][21][22] 과도한 직무 자율성은 의사 결정을 복잡하게 만들고, 책임을 증가시켜 결과적으로 일 처리 시간을 길어지게 하며, 이는 스트레스를 유발하고[23] 동료와 협업을 어렵게 한다.[24][25] 극단적인 예로 자율성이 높은 회사에서 자산을 마음대로 사용하고, 근무 시간 중 무단으로 휴식을 취하며, 허가 없이 퇴근하는 등 반생산적 행동*이 증가하거나[26] 사적인 통화로 업무 시간을 낭비하는 등 비윤리적 행위[27]가 나타났다. 분식회계와 회계조작 같은 반생산적이고 비윤리적인 행동은 2000년대 초 미국의 건실한 에너지, 물류 회사였던 엔론 Enron마저도 파산시켰다. 과도한 직무 자율성 문제에 대한 학계의 논의는 1) 비타민 모델, 2) 활성화 이론, 3) 자원보존이론[27]과 자원고갈이론[28]으로 설명된다.

---

* 반생산적 행동은 중요한 조직 규범을 위반하고 조직이나 구성원의 안녕을 위협하는 조직 구성원의 자발적인 행동으로 사기, 절도, 문서 위조, 근무 시간을 개인적인 시간으로 활용, 허가 없이 퇴근, 회사의 자산을 마음대로 쓰는 것 등이 포함된다(Robinson & Bennett, 1995).

직원들이 원하는 직무 자율성의 수준은 상대적이겠지만 평균적으로 낮은 직무 자율성은 일에 지루함을 유발하고, 과도한 직무 자율성은 자원 고갈 및 업무에 대한 책임과 압박감을 증가시킨다. 이러한 비선형성을 고려한다면, 단순히 직무 자율성이나 통제력을 높이거나 축소하는 형식의 선형적 인터벤션은 실패로 돌아갈 가능성이 농후하다. 따라서 조직은 조직 구성원의 현재와 선호하는 직무 자율성 수준을 추적해 비선형적으로 변화하는 집단(J자형이나 Inverted U자형)을 식별할 필요가 있다.[29]* 이를 바탕으로 직무 자율성이 중간 이하인 직원에게는 자율성을 높여주는 권한 위임과 같은 인터벤션을, 직무 자율성이 높은 조직 구성원에게는 자율성을 제한하고 구체적인 지시 및 피드백을 제공하는 인터벤션을 제공할 필요가 있다. 더불어 직원의 직무 자율성에 대한 선호 수준과 실제 가지고 있는 역량에 대한 정보는 직무를 어떻게 크래프팅해야 하는지에 방향성을 제시해줄 수 있다.[30]

- Adams & White, 2005, 이를 분석할 수 있는 다양한 방법이 있을 수 있다. 예를 들어, 1) 현재 수준과 바람직한 미래 수준의 차이를 분석하는 요구분석, 2) Likert 척도에 너무 적거나 너무 많은 것을 포함하는 채점 방법인 TLTM, 3) 비선형 효과에서 통계적으로 유의한 영역을 식별해주는 존슨-네이먼 기법, 4) 잠재 프로파일 분석을 통해 비선형 유형을 식별하는 방법 등이 있다.

1) 비타민 모델vitamin model

이 모델은 작업 특성에 관한 이론으로, 직업 웰빙의 성공적 업무 수행과 관련된 환경적 특성들을 종합한 이론으로, 전체 12가지 환경적 특징을 CEConstant Effect 비타민과 AEAdditional Effect 비타민으로 구분한다. 전자는 특정 수준에 도달하면 지속적인 효과를 나타나는 비타민으로 금전적 여유availability of money, 신체적 안전physical security, 가치 있는 사회적 지위valued social position, 상사의 지원supportive supervision, 경력 전망career outlook, 형평성equity이 해당한다. 후자는 (마치 비타민을 섭취하는 것처럼) 특정 수준까지만 유익하고 그 이상은 그렇지 않은 개인 통제의 기회opportunity for personal control, 기술 사용의 기회opportunity for skill use, 외부에서 생성된 목표externally generated goals, 다양성variety, 환경적 명확성environmental clarity, 다른 사람과의 접촉contact with others이 해당한다.

이 모델에 따르면 과도한 자율성, 과도한 기술 사용, 과도한 네트워크와 같은 요소들은 어느 정도의 수준까지만 긍정적인 효과를 발휘하며, 그 이상이 되면 그렇지 못한 상황을 초래할 수 있다는 것이다. 구체적으로 직무 자율성이 과도하면, 더 이상 직장에서 멋지고 아름다운 것이 아니라 일에 있어서 필수적인 것으로 치부되기 때문에 긍정적인 효과가 상쇄될 수 있다. 이로 인해 자율성이 너무 높으면 업무량 증가와 같은 부정적인 업무 특성이 높아지고, 동료 지원과 같은 긍정적인 업무 특성이 낮아지게 된다. 비타민 모델의 가정은 여러 연구에서 테스트되었지만, 결과는 다소 혼재되어 있다.

2) 활성화 이론activation theory

활성화 이론은 학습과 기억 과정과 관련된 심리학적 이론으로, 높은 활성화 수준은 정보에 빠르게 접근하고 상호 작용을 더 높일 수 있다는 개념이다. 직원들에게 직무 자율성을 제공함으로써, 그들의 활성화 수준과 인지적 과정에 영향을 줄 수 있으며 학습, 문제 해결, 기억 정리 등을 향상시킬 수 있다. 그러나 적당한 자율성은 동기와 도전 의욕을 높여주지만, 과도한 자율성은 반복적이거나 단순한 업무에 대해 부정적으로 여기고, 시스템의 일부로 느껴 거부감을 초래할 수 있다는 것이다.

3) 자원보존이론Conservation of Resources Theory: COR과
　　자원고갈이론Limited resources model

매우 높은 수준의 자율성은 의사결정의 압력과 어려움, 그리고 증가된 책임을 가중시킨다. 많은 옵션 사이에서 선택해야 한다는 것은 목표 설정이 더 모호해지거나 잘못된 선택지를 선택할 수 있는 위험성도 증가한다.[31] 더 많은 선택지가 있다는 그 사실도 머리가 아프지만 각 선택지에 주의를 기울이는 데 드는 노력도 발생한다.[32] 직원들은 과도한 자율성을 관리하고, 모호하거나 어려운 목표를 추구하기 위해 많은 에너지 자원을 소비하게 된다. 이러한 상황에서 에너지 자원의 사용은 자원보존이론과 자원고갈이론을 통해 설명할 수 있다.

첫째, 자원보존이론[27]에 따르면, 높은 수준의 자율성을 가진 개인은 그 자율성을 보존하고 관리하기 위해 시간, 정보, 기술 등 다른 환경 요소를 동원해야 하며, 이 과정에서 자원이 소모된다. 그러나 자원은 한정적이기 때문에 아무리 자기 규제 능력이 높은 직원이라도 한계에 직면할 수 있으며, 과도한 자율성 관리로 인해 일종의 자원 고갈 상태에 이를 수 있다.

둘째, 자원고갈이론[28]에 따르면, 모든 활동은 자원을 소비하며, 자원이 과도하게 소비되면 부정적인 영향을 미친다. 독립적으로 의사결정을 내리고, 작업 준비 및 프로세스를 제어하는 것은 모두 자원을 소모하는 활동이다. 그런데 직무 자율성이 과도하게 높아지면 이 같은 활동에 많은 자원이 소모되어 다른 업무를 처리할 때 남은 자원이 제한된다. 이러한 상황에서 업무 효율성이 저하되며, 개인은 업무에 부담을 느끼기 때문에 주관적 웰빙도 떨어지게 된다.

직무 불안정성이란?

자율성과 관련하여 흥미로운 결과가 있어 소개한다. 직무 불안정성Job Insecurity이라는 개념이다. 직무 불안정성은 실직과 같이 직장에서 원하는 안정성을 얻지 못해 발생하는 주관적 무력감을 의미한다.[34][35] 직무 불안정성은 개인의 건강, 삶의 만족, 웰빙, 직무 만족, 직무 몰입, 창의성, 조직시민 행동 등에 부정적인 영향을 미치는 것으로 알려져 있다.[36][37][38] 그런데 직무 불안정성을 느끼더라도 자율성에 따라 오히려 직무 성과에 긍정적인 효과가 있다는 연구가 있다. 해고나 무급휴직을 피하기 위해 더 열심히 일하는 것이 결국 리더에게 좋은 인상을 남기고 직무 성과를 높인 것이다.[39][40][41] 물론 일부는 좋은 직원인 것처럼 연기한 것일 수도 있겠지만 결과적으로 리더의 긍정적인 평가를 받는 데는 성공한 셈이다. 한국의 비정규직 문제를 생각하면 직무 안정성을 확보하기 위해 더 열심히 일하는 미생의 모습이 그려지지만 이 결과는 자율성을 긍정적으로 활용한 사례로 볼 수 있다.

결론

자유는 과도한 것보다는 적절한 조화에서 발견된다. 직장인 익명 커뮤니티 블라인드에서 2022년 1월까지 최고 평점을 받았던 넷플릭스는 자유와 책임의 기업문화를 가지고 있다. 휴가 규정이 없고, 직원 경비 지출 통제도 없으며, 일일이 상급자의 승인을 받지 않는다. 수백만 불의 시나리오 입찰을 담당자 혼자 결정하는 일이 흔하다고 한다. 그러나 무작정 자유만 부과하지 않고 책임을 동시에 강조한다. 넷플릭스의 모토에 이러한 생각이 잘 담겨 있다. "Responsible people thrive on freedom, and are worthy of freedom(책임감 있는 사람만이 자유를 누릴 가치가 있고, 그 자유를 바탕으로 번성할 수 있다)." 이상의 내용을 그림으로 정리하면 다음과 같다.

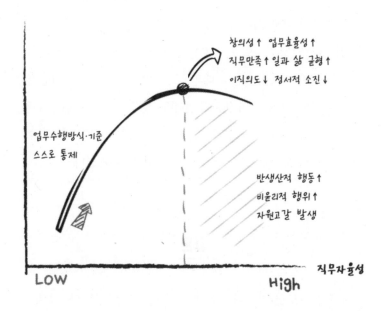

Reference

1 Aczel, B., Kovacs, M., Van Der Lippe, T., & Szaszi, B. (2021). Researchers working from home: Benefits and challenges. *PloS one, 16*(3), 1-13.

2 Behrens, K., Kichko, S., & Thisse, J. F. (2021). Working from home: Too much of a good thing? (No. 8831). CESifo Working Paper.

3 Gajendran, R. S., & Harrison, D. A. (2007). The good, the bad, and the unknown about telecommuting: Meta-analysis of psychological mediators and individual consequences. *Journal of Applied Psychology, 92*(6), 1524-1541.

4 Kossek, E. E., & Thompson, R. J. (2016). Workplace flexibility: Integrating employer and employee perspectives to close the research–practice implementation gap. In E. L. & A. T. (Eds.), *The Oxford handbook of work and family* (pp. 255–271). Oxford University Press.

5 Binder M, Coad A. (2016) How satisfied are the self-employed? A life domain view. *Journal of Happiness Studies*, 17(4):1409–1433.

6 Felstead, A., & Henseke, G. (2017). Assessing the growth of remote working and its consequences for effort, well-being and work-life balance. *New Technology, Work and Employment, 32*(3), 195-212.

7 Wheatley, D. (2017). Employee satisfaction and use of flexible working arrangements. *Work, Employment and Society, 31*(4), 567-585.

8 Mazmanian, M., Orlikowski, W. J., & Yates, J. (2013). The autonomy paradox: The implications of mobile email devices for knowledge professionals. *Organization Science, 24*(5), 1337-1357.

9 Zhao, L., & Wu, L. (2023). How does digital office affect overtime through job autonomy in China? A nonlinear mediating model for the autonomy paradox. Technology in Society, 72(C), 102-181.

10 Fuller Jr, J. B., Hester, K., & Cox, S. S. (2010). Proactive personality and job performance: Exploring job autonomy as a moderator. *Journal of Managerial Issues, 21*(1), 35-51.

11 Hackman, J. R., & Oldham, G. R. (1976). Motivation through the design of

work: Test of a theory. *Organizational Behavior and Human Performance, 16*(2), 250-279.

12 Breaugh, J. A. (1985). The measurement of work autonomy. *Human Relations, 38*(6), 551-570.

13 Morgeson, F. P., & Humphrey, S. E. (2006). The Work Design Questionnaire (WDQ): Developing and validating a comprehensive measure for assessing job design and the nature of work. *Journal of Applied Psychology, 91*(6), 1321-1339.

14 Kubicek, B., Paškvan, M., & Bunner, J. (2017). The bright and dark sides of job autonomy. In C. Korunka & B. Kubicek (Eds.), *Job demands in a changing world of work: Impact on workers' health and performance and implications for research and practice* (pp. 45–63). Springer International Publishing/Springer Nature.

15 Stiglbauer, B., & Kovacs, C. (2018). The more, the better? Curvilinear effects of job autonomy on well-being from vitamin model and PE-fit theory perspectives. *Journal of Occupational Health Psychology, 23*(4), 520-536.

16 Kelly, E. L., Moen, P., & Tranby, E. (2011). Changing workplaces to reduce work-family conflict: Schedule control in a white-collar organization. *American Sociological Review, 76*(2), 265-290.

17 Schlachter, S., McDowall, A., Cropley, M., & Inceoglu, I. (2018). Voluntary work-related technology use during non-work time: A narrative synthesis of empirical research and research agenda. *International Journal of Management Reviews, 20*(4), 825-846.

18 De Spiegelaere, S., Van Gyes, G., & Van Hootegem, G. (2014). Labour flexibility and innovation, complementary or concurrent strategies? A review of the literature. *Economic and Industrial Democracy, 35*(4), 653-666.

19 Moen, P., Kelly, E. L., & Hill, R. (2011). Does enhancing work-time control and flexibility reduce turnover? A naturally occurring experiment. *Social Problems, 58*(1), 69-98.

20 Baltes, B. B., Bauer, C. C., Bajdo, L. M., & Parker, C. P. (2002). The use of multitrait-multimethod data for detecting nonlinear relationships: The case of psychological climate and job satisfaction. *Journal of Business and Psychology, 17*(1), 3-17.

21 Lu, J. G., Brockner, J., Vardi, Y., & Weitz, E. (2017). The dark side of

experiencing job autonomy: Unethical behavior. *Journal of Experimental Social Psychology, 73*(5), 222-234.

22 Taris, T. W. (2006). Bricks without clay: On urban myths in occupational health psychology. *Work and Stress, 20*(2), 99-104.

23 Elsbach, K. D., & Hargadon, A. B. (2006). Enhancing creativity through "mindless" work: A framework of workday design. *Organization Science, 17*(4), 470-483.

24 Baltes, B. B., Briggs, T. E., Huff, J. W., Wright, J. A., & Neuman, G. A. (1999). Flexible and compressed workweek schedules: A meta-analysis of their effects on work-related criteria. *Journal of Applied Psychology, 84*(4), 496-513.

25 Kelliher, C., & Anderson, D. (2010). Doing more with less? Flexible working practices and the intensification of work. *Human Relations, 63*(1), 83-106.

26 Brink, A. G., Emerson, D. J., & Yang, L. (2016). Job autonomy and counterproductive behaviors in Chinese accountants: The role of job-related attitudes. *Journal of International Accounting Research, 15*(1), 115-131.

27 Hobfoll, S. E. (2001). The influence of culture, community, and the nested-self in the stress process: Advancing conservation of resources theory. *Applied Psychology, 50*(3), 337-421.

28 Baumeister, R. F., Bratslavsky, E., Muraven, M., & Tice, D. M. (1998). Ego depletion: Is the active self a limited resource?. *Journal of Personality and Social Psychology, 74*(5), 1252-1265.

29 Adams, J., & White, M. (2005). Why don't stage-based activity promotion interventions work?. *Health Education Research, 20*(2), 237-243.

30 Kubicek, B., Korunka, C., & Tement, S. (2014). Too much job control? Two studies on curvilinear relations between job control and eldercare workers' well-being. *International Journal of Nursing Studies, 51*(12), 1644-1653.

31 Latham, G. P., & Locke, E. A. (2006). Enhancing the benefits and overcoming the pitfalls of goal setting. *Organizational Dynamics, 35*(4), 332-340.

32 Nagel, S. K. (2010). Too much of a good thing? Enhancement and the burden of self-determination. *Neuroethics, 3*(2), 109-119.

33 Schwartz, B., Ward, A., Monterosso, J., Lyubomirsky, S., White, K., & Lehman, D. R. (2002). Maximizing versus satisficing: happiness is a matter of choice. *Journal of Personality and Social Psychology, 83*(5), 1178-1197.

34 De Witte, H., Näswall, K., Chirumbolo, A., Goslinga, S., Hellgren, J., & Sverke, M. (2004). Consequences of temporary work and job insecurity in four European countries. *Gedrag & Organisatie, 17*(3). 163–186.

35 Greenhalgh, L., & Rosenblatt, Z. (1984). Job insecurity: Toward conceptual clarity. *Academy of Management Review, 9*(3), 438-448.

36 Jiang, L., & Lavaysse, L. M. (2018). Cognitive and affective job insecurity: A meta-analysis and a primary study. *Journal of Management, 44*(6), 2307-2342.

37 Probst, T. M., Stewart, S. M., Gruys, M. L., & Tierney, B. W. (2007). Productivity, counterproductivity and creativity: The ups and downs of job insecurity. *Journal of Occupational and Organizational Psychology, 80*(3), 479-497.

38 Wang, H. J., Lu, C. Q., & Siu, O. L. (2015). Job insecurity and job performance: The moderating role of organizational justice and the mediating role of work engagement. *Journal of Applied Psychology, 100*(4), 1249-1258.

39 Huang, G. H., Zhao, H. H., Niu, X. Y., Ashford, S. J., & Lee, C. (2013). Reducing job insecurity and increasing performance ratings: Does impression management matter?. *Journal of Applied Psychology, 98*(5), 852-862.

40 Koen, J., Low, J. T., & Van Vianen, A. (2019). Job preservation efforts: When does job insecurity prompt performance?. *Career Development International, 25*(3), 287-305.

41 Probst, T. M., Jiang, L., & Bohle, S. A. L. (2019). Job insecurity and impression management: Which is the horse and which is the cart when it comes to job performance?. *Career Development International, 25*(3), 306-324.

자유는 과도한 것보다는
적절한 조화에서 발견된다.

10장

조직 동일시

Organizational Identification

자신을 잃어버리지 않고
몰입하라

∞

한때 재계 서열 18위를 자랑하던 한보그룹은 1997년 부도가 났다. 당시 한보그룹 정태수 회장은 각종 비리를 저질러 국정조사 청문회에 출석했는데, "자금이라는 것은 주인인 내가 알지, 머슴이 어떻게 압니까?"라는 망언을 남긴 것으로도 유명하다. 주인의식psychological ownership도 조직행동론 연구에서 성과를 향상시키기 위해 어떻게 조직 구성원이 조직에 심리적으로 애착되는지 설명하기 위한 연구 주제 중 하나로 다뤄졌었다. 내가 진짜 이 회사의 주인도 아닌데 어떻게 주인의식을 가질 수 있을지, 주인의식은 주인을 의식하는 머슴 의식이 아닌지 좀 와닿지 않는 부분이 있다. 조직에 대한 애착 연구로 조직 동일시, 조직 몰입, 최근에는 work engagement가 이뤄지고 있다. 조직의 성공이 곧 나의 성공이라는 조직 동일시는 주인의식과 비슷한 부분이 있는데, 과도할 경우 부작용이 있다. 이를 통해 조직에 대한 과한 애착의 어두운 측면을 살펴보고자 한다.

주인의식은 조직 구성원이 조직 또는 그 일부를 자신의 것처럼 느끼는 상태로 정의된다.[1] 주인의식은 조직 구성원의 효능감, 정체성, 소속감에 대한 욕구를 충족시켜주는데,[2] 회사가 잘되고 있고, 책임감 있게 일하며, 소속감과 동일시를 느끼면 주인의식이 더 높아진다고 한다.[3] 애사심, 충성심 교육도 같은 맥락에서 이뤄졌다고 볼 수 있다.

조직 동일시란?

조직 동일시Organizational identification는 조직 몰입organizational commitment과 비슷해 보이지만 다른 부분이 있다.[4] 조직 구성원이 조직의 가치와 정체성을 얼마나 받아들이냐의 정도에 따라 다른데, 조직 동일시는 단순한 수용을 넘어 자신의 것으로 받아들이는 것을 뜻한다.[5] 조직 동일시는 감정적 몰입을 증가시키기 때문에[6] 조직 몰입보다 성과에 더 관련 있다는 연구 결과도 있다.[7] 이처럼 직원을 조직에 몰입하게 만드는 것은 짧은 시간 안에 개인의 역량을 최대한 개발할 수 있기 때문에 기업의 경쟁력이 될 수 있다.

조직 동일시는 조직의 성공과 실패를 자신의 경험으로 인식하는 것으로[8] 조직 구성원들이 자신의 개인적인 가치관이나 자아 개념을 조직의 가치관이나 목표와 일치시켜서 동일시하는 정도를 의미한다. 누군가를 사랑한다는 것은 자신을 그와 동일시하는 것이라는 아리스토텔레스의 말처럼 조직 동일시는 조직 구성원들이 얼마나 자신의 조직을 사랑하는지를 보여준다고 할 수 있다. 100개 이상의 연구에서 조직 동일시는 역할 수행, 직무 몰입, 직무 만족 등에서 긍정적인 영향을 미친다고 보고되었다.[9] 조직 동일시는 조직 맥락 내에서 '나는 누구인가'라는 질문에 대한 답을 돕고, 본인의 역할과 책임을 명확히 인식함으로써 조직의 목표와 가치를 공유하게 도와준다. 이 과정에서 강한 소속감을 바탕으로 이직 의도를 낮추며 협력적 관계를 유지하려는 행동이 증가된다.[9][10] 조직 동일시는 더 큰 집단의 일원이 됨으로써 인간의 소속 욕구를 충족시키고, 더 큰 사회적 지원, 더 강한 결속력을 갖게 하며, 사회적 불확실성 감소와 자부심 증가와 같은 혜택을 제공한다.[11]

조직 동일시의 반전

높은 수준의 조직 동일시는 조직의 목표를 달성하기 위해 더 열심히 일해야 한다는 의무감을 느끼게 만들어 조직 구성원을 피로하게 만들 수도 있다.[12] 지나치게 헌신적인 조직 구성원은 공식적으로 필요한 것 이상으로 자신의 노력을 쏟아붓는다.[13] 삶의 다른 측면을 희생하면서까지 더 열심히 더 오랜 시간 일하는 과정에서 그들은 일중독이나 일-가정 갈등을 경험할 수 있다.[14][15] 결

과적으로 건강과 웰빙이 악화되고, 스트레스와 피로감을 겪는
다.[13]

조직 동일시가 과도한 조직 구성원은 직장에서 높은 성취와
성과를 이루고 인정과 존중을 받기를 원하기 때문에 의지를 불
태우고 업무에 비합리적으로 과몰입하는 동기부여 패턴을 보인
다.[13] 이는 건강에 부정적인 영향을 미치고 비인격화 과정으로 진
화한다. 예를 들어, 우리는 같은 조직의 일원이기 때문에 소통을
쉽게 치부하고, 현재 자신이 가진 것보다 더 많은 자원을 활용할
수 있다고 오인하는 것이다.[14] 이러한 결과는 조직 동일시를 적정
수준으로 유지하는 게 중요함을 시사한다.

결론

○○맨과 같이 회사 이름을 붙인 용어가 자랑스럽게 사용된 시
절이 있었다. 요즘도 '갓'이나 '킹'을 접두사처럼 붙이기는 하지
만 과거에 비하면 그런 회사가 많이 줄었다. 더 이상 조직 동일시
나 충성심을 과도하게 요구하는 분위기가 아니다. 그럼에도 조
직에 대한 애정이 너무 없는 것 역시 문제가 될 수 있다. 조직은
조직 동일시 수준이 낮은 조직 구성원들에게는 보다 큰 집단의
일원으로서 소속감을 느끼게 함으로써 최소한의 사회적 보상,

인정, 존중의 욕구를 충족시킬 필요가 있다. 실제로 적정 수준의 조직 동일시는 조직 구성원 간의 관계와 결속력을 향상시키고, 상호주의에 대한 인식을 높여준다고 한다.[16] 내가 어떤 조직에 소속되어 있는지는 좋든 싫든 나에 대한 후광 효과를 생성하고, 대부분의 사람들은 더 나은 이미지와 평판을 갖고 싶어 한다는 점에서 조직은 조직 구성원들이 기꺼이 동일시할 수 있는 좋은 조직을 만들어가야 하고, 거기에 소속된 베네핏을 제공하려고 노력할 필요가 있다.

"

높은 수준의 조직 동일시는
조직의 목표를 달성하기 위해
더 열심히 일해야 한다는 의무감을 느끼게 만들어
조직 구성원을 피로하게 만들 수도 있다.

조직 동일시는 어떻게 측정하는가?

대표적으로 10문항으로 구성된 Mael과 Tetrick(1992)[4]의 측정 도구가 있다. 그 내용은 다음과 같다.

문항	전혀 그렇지 않다	그렇지 않다	보통 이다	그렇다	매우 그렇다
01 누군가 우리 조직을 비판하면 개인적인 모욕처럼 느껴진다.					
02 나는 다른 사람들이 우리 조직을 어떻게 생각하는지 관심이 많다.					
03 나는 우리 조직에 대해 이야기할 때 보통 '그들'보다는 '우리'라고 말한다.					
04 우리 조직의 성공은 곧 나의 성공이다.					
05 누군가 우리 조직을 칭찬하면 개인적인 칭찬처럼 느껴진다.					
06 나는 상당히 우리 조직 사람처럼 행동한다.					
07 언론에서 조직을 비판하는 기사가 나오면 부끄러울 것 같다.					
08 나는 전형적인 우리 조직 사람처럼 행동하지 않는다.					
09 나는 우리 조직 사람들의 전형적인 특성을 많이 가지고 있다.					
10 우리 조직 사람들이 가진 한계는 나에게도 적용된다.					

Reference

1 Pierce, J. L., Kostova, T., & Dirks, K. T. (2003). The state of psychological ownership: Integrating and extending a century of research. *Review of General Psychology, 7*(1), 84-107.

2 Bandura, A. (1997). The anatomy of stages of change. *American Journal of Health Promotion: AJHP, 12*(1), 8-10.

3 Avey, J. B., Avolio, B. J., Crossley, C. D., & Luthans, F. (2009). Psychological ownership: Theoretical extensions, measurement and relation to work outcomes. *Journal of Organizational Behavior, 30*(2), 173-191.

4 Mael, F. A., & Tetrick, L. E. (1992). Identifying organizational identification. *Educational and Psychological Measurement, 52*(4), 813-824.

5 Epitropaki, O., & Martin, R. (2005). The moderating role of individual differences in the relation between transformational/transactional leadership perceptions and organizational identification. *The Leadership Quarterly, 16*(4), 569-589.

6 Bergami, M., & Bagozzi, R. P. (2000). Self-categorization, affective commitment and group self-esteem as distinct aspects of social identity in the organization. *British Journal of Social Psychology, 39*(4), 555-577.

7 Riketta, M., & Van Dick, R. (2005). Foci of attachment in organizations: A meta-analytic comparison of the strength and correlates of workgroup versus organizational identification and commitment. *Journal of Vocational Behavior, 67*(3), 490-510.

8 Ashforth, B. E., & Mael, F. (1989). Social identity theory and the organization. *Academy of Management Review, 14*(1), 20-39.

9 Lee, E. S., Park, T. Y., & Koo, B. (2015). Identifying organizational identification as a basis for attitudes and behaviors: A meta-analytic review. *Psychological Bulletin, 141*(5), 1049-1080.

10 Ng, T. W. (2015). The incremental validity of organizational commitment, organizational trust, and organizational identification. *Journal of Vocational*

Behavior, 88, 154-163.

11 Hogg, M. A., & Terry, D. I. (2000). Social identity and self-categorization processes in organizational contexts. *Academy of Management Review, 25*(1), 121-140.

12 Haslam, S. A. (2004). *Psychology in organizations. The social identity approach.* London: Sage.

13 Siegrist, J. (2008). Chronic psychosocial stress at work and risk of depression: evidence from prospective studies. *European Archives of Psychiatry and Clinical Neuroscience, 258*(5), 115-119.

14 Avanzi, L., Schuh, S. C., Fraccaroli, F., & van Dick, R. (2015). Why does organizational identification relate to reduced employee burnout? The mediating influence of social support and collective efficacy. *Work and Stress, 29*(1), 1-10.

15 Ng, T. W., & Feldman, D. C. (2008). Long work hours: A social identity perspective on meta-analysis data. *Journal of Organizational Behavior, 29*(7), 853-880.

16 Steffens, N. K., Haslam, S. A., Schuh, S. C., Jetten, J., & van Dick, R. (2017). A meta-analytic review of social identification and health in organizational contexts. *Personality and Social Psychology Review, 21*(4), 303-335.

11장

신뢰

Trust

신뢰하되 검증하라

∞

일잘러의 노하우는 여러 가지가 있겠지만 마무리까지 실수 없이 일을 해내기 위해서는 리더도 조직 구성원도 중간 점검을 잊지 않는 것이 중요하다. 그러나 너무 낮은 중간 점검은 마이크로 매니징이나 잔소리처럼 느껴질 수 있다. 하지만 일의 방향성이나 의사소통을 위해서 반드시 필요한 작업이기도 하다.

신뢰란?

신뢰trust란 상대방을 감시하거나 통제할 수 있는 능력과는 관계없이, 상대방이 자신의 이익을 해치지 않을 것이라고 기대하에 오히려 자신을 위험 환경에 취약하게 노출시키는 심리적 상태를 의미한다.[1,2,3] 일반적으로 신뢰는 조직에서 여러 긍정적 효과와 관련 있다.[4,5] 신뢰는 의사소통을 향상시키고, 조직 시민 행동을 촉진하며, 갈등은 낮추고, 직무 만족도를 높여서 개인과 조직에게 이로움을 준다.[67] 또한 변혁적 리더십, 공정한 행동, 참여적 의사결정, 조직 지원과 관련돼 리더에게 필요한 면모로도 일컬어진다.[68] 그러나 신뢰는 취약성vulnerability에 노출된다는 점에서 우려도 제기되었다.[1] 예를 들어, 중고 제품을 거래할 때, 구매자는 판매자에게 돈을 먼저 입금한다. 그 돈은 영영 돌아오지 않을 수 있다. 다시 말해 구매자는 판매자를 신뢰해 돈을 입금하는 순간 그 돈을 잃을 수 있는 취약성에 동시에 노출되는 것이다.

신뢰 관련 이론

신뢰와 관련된 이론은 귀인 이론, 신호 이론, 불확실성 감소 이론 등 다양한데, 두 사람 이상의 관계 속에서 서로 돕고 자원을 교환하는 호혜성 프로세스를 통해 신뢰가 발생한다는 사회 교환 이론social exchange theory이 가장 일반적이다.[79] 귀인 이론attribution theory은 타인의 행동이 어떤 연유로 발생했는지에 따라 신뢰 발전 정도를 달리할 수 있음을 설명한다.[10] 신호 이론에서는 사람들이 보다 나은 평가를 하고 긍정적인 결과를 얻기 위해 자신의 정보를 노출하는데, 이 과정에서 신뢰가 발생한다고 설명한다.[11] 불확실성 감소 이론uncertainty reduction theory은 사람들이 끊임없이 불확실성을 줄이려고 노력하는데, 신뢰가 상대방이나 환경에 대한 정보

를 늘려 불확실성을 줄일 수 있는 수단이 된다는 점에서 신뢰의 기능을 설명한다.[12]

신뢰의 반전

신뢰가 너무 높아도 문제가 될 수 있다. 조직에서는 신뢰 남용 trust abuse이 대표적인 사례인데, 상사가 자신을 신뢰한다는 것을 알기 때문에 그것을 악용해 비윤리적 행동을 하는 것을 말한다.[113] 이러한 신뢰 남용은 어떻게 방지할 수 있을까? 러시아 속담에는 "신뢰하되 검증하라Trust but verify."는 말이 있다. 조직 내에서 검증이라 함은 구성원들의 업무 상황을 주기적으로 모니터링하고 점검하는 것일 텐데, 일반적으로 이러한 감시는 부정적인 뉘앙스를 내포하고 있고, 개인의 동기에 부정적인 것으로 알려져 있다.[14] 리더가 개별 직원을 얼마나 모니터링할지는 보통 신뢰를 바탕으로 결정된다. 리더가 직원을 더 신뢰할 수 있다고 인식할수록 모니터링을 덜 하는 '믿고 맡기는 문화'가 형성될 수 있다.[5] 그런데 직원 간 신뢰 수준이 너무 높으면, 모니터링을 강화하자는 제안을 선뜻 꺼내기 어려울 수 있다.[15] 모니터링이라는 행위는 상호 신뢰를 위반하는 것으로 인식되어 분노, 상처, 두려움을 유발할 수 있다.[16]

팀 내 신뢰가 아무리 높아도 일정 수준의 점검은 필요하다. 과신은 조직 구성원이 서로를 견제하거나 모니터링하는 것을 꺼리게 되면서 자율성은 걷잡을 수 없이 커지고, 더 많은 실수나 나태함을 유발해 결과적으로 성과 손실로 이어질 수 있다.[5][17]

다른 연구에서는 팀 내 신뢰가 효과적으로 상호 작용을 촉진하여 혁신을 가져오지만 신뢰가 과해지면 비선형적인 관계가 형성될 수 있다고 주장하였다. 팀 내 과신은 팀 내 평가를 어렵게 만들고, 비판적 태도를 조장하지 않기 때문에 결국 혁신이 낮아질 수 있다는 것이다.[17][18][19] 이러한 현상은 특히 집단주의 문화가 강한 아시아 국가에서 발견되기 쉽다.[17] 집단주의 사회가 사회 질서와 조화를 강조하는 경향이 있어 (어쩌면 불편할 수도 있는) 혁신적인 아이디어를 내는 직원 행동을 화합을 깨뜨리는 것으로 인식하고, 결과적으로 정보 교환 활동이 저해된다는 것이다.

결론

고인물은 썩는다. 팀 구성에 변화를 주는 것은 팀 내 과신을 방지하는 방법이 될 수 있다. 구글은 Oxygen 프로젝트를 통해 생산성 높은 팀의 다섯 가지 비밀을 밝혀내면서 신뢰성dependability을 그중 하나로 꼽았다. 여기서 신뢰성이란 내 일을 조직 구성원에게 대신 맡겼을 때 내가 자리를 비우더라도 제시간에 일정 퀄리티 이상으로 일을 완료해줄 것이라는 믿음을 의미한다. 신뢰성은 일상 용어에서 믿음trust과 별 차이 없이 사용되지만 이 맥락에서는 일관성consistency에 기반을 둔 믿음이라는 점에서 차이가 있다. 몸무게를 재기 위해 체중계에 올라섰는데 거실에서 잴 때와 화장실에서 잴 때 무게가 들쭉날쭉한다면 우리는 그 체중계를 신뢰하지 않는다. 마찬가지로 조직에서도 일관된 행동을 꾸준히 보이는 사람에게 만들어지는 신뢰가 있다. 일관되고 예측 가능하기 때문에 믿을 수 있는 것이다. 신뢰는 맺는 것이 아니라 쌓아가는 것이라는 말이 있는데, 일관성에 바탕을 둔 신뢰 관계를 잘 표현한 것 같다. 그리고 이러한 신뢰 관계 구축은 과신을 방지하는 데 도움이 될 것이다. 이상의 내용을 그림으로 정리하면 다음과 같다.

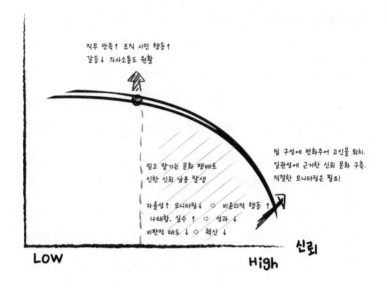

직무 만족↑ 조직 시민 행동↑
갈등↓ 의사소통도 원활

민고 맡기는 문화 팽배로
인한 신뢰 남용 발생

팀 구성에 변화주어 고인물 퇴치.
일관성에 근거한 신뢰 문화 구축.
적절한 모니터링은 필요!

자율성↑ 모니터링↓ ⇨ 비윤리적 행동↑
나태함, 실수↑ ⇨ 성과↓
비판적 태도↓ ⇨ 혁신↓

Low   High   신뢰

신뢰는 맺는 것이 아니라
쌓아가는 것

Reference

1   Liu, L., & Zhou, M. (2017). A new variable—trust abuse, the vulnerable aspect of choosing trust others. In 2017 *International Conference on Service Systems and Service Management* (pp. 1-4). IEEE.

2   Mayer, R. C., Davis, J. H., & Schoorman, F. D. (1995). An integrative model of organizational trust. *Academy of Management Review, 20*(3), 709-734.

3   Rousseau, D. M., Sitkin, S. B., Burt, R. S., & Camerer, C. (1998). Not so different after all: A cross-discipline view of trust. *Academy of Management Review, 23*(3), 393-404.

4   Kramer, R. M. (1999). Trust and distrust in organizations: Emerging perspectives, enduring questions. *Annual Review of Psychology, 50*(1), 569-598.

5   Langfred, C. W. (2004). Too much of a good thing? Negative effects of high trust and individual autonomy in self-managing teams. *Academy of Management Journal, 47*(3), 385-399.

6   De Jong, B. A., Dirks, K. T., & Gillespie, N. (2016). Trust and team performance: A meta-analysis of main effects, moderators, and covariates. *Journal of Applied Psychology, 101*(8), 1134-1150.

7   Dirks, K. T., & De Jong, B. (2022). Trust within the workplace: A review of two waves of research and a glimpse of the third. *Annual Review of Organizational Psychology and Organizational Behavior, 9*(1), 247-276.

8   Dirks, K. T., & Ferrin, D. L. (2002). Trust in leadership: Meta-analytic findings and implications for research and practice. *Journal of Applied Psychology, 87*(4), 611-628.

9   Cropanzano, R., & Mitchell, M. S. (2005). Social exchange theory: An interdisciplinary review. *Journal of Management, 31*(6), 874-900.

10 Tomlinson, E. C., & Mryer, R. C. (2009). The role of causal attribution dimensions in trust repair. *Academy of Management Review, 34*(1), 85-104.

11 Connelly, B. L., Certo, S. T., Ireland, R. D., & Reutzel, C. R. (2011). Signaling

theory: A review and assessment. *Journal of Management, 37*(1), 39-67.

12 Colquitt, J. A., LePine, J., Piccolo, R. F., Zapata, C. P., & Rich, B. L. (2012). Explaining the justice-performance relationship: Trust as exchange deepener or trust as uncertainty reducer?. *Journal of Applied Psychology, 97*(1), 1-15.

13 Baer, M. D., Dhensa-Kahlon, R. K., Colquitt, J. A., Rodell, J. B., Outlaw, R., & Long, D. M. (2015). Uneasy lies the head that bears the trust: The effects of feeling trusted on emotional exhaustion. *Academy of Management Journal, 58*(6), 1637-1657.

14 Enzle, M. E., & Anderson, S. C. (1993). Surveillant Intentions and Intrinsic Motivation. *Journal of Personality and Social Psychology, 64*(2), 257-266.

15 Feldman, D. C. (1984). The development and enforcement of group norms. *Academy of Management Review, 9*(1), 47-53.

16 Lewicki, R. J., & Bunker, B. B. (1996). Developing and maintaining trust in work relationships. In R. M. Kramer, & T. M. Tyler (Eds.), *Trust in organizations: Frontiers of theory and research* (pp. 114–139). Sage.

17 Hendarsjah, H., Susanto, E., Sugianto, B. R. L., & Handoko, T. H. (2019). Curvilinear relationship between intra-team trust and team innovation: The moderating role of task complexity. *Journal of Asia Business Studies, 13*(3), 472-487.

18 Van de Ven, A. H. (1986). Central problems in the management of innovation. *Management Science, 32*(5), 590-607.

19 Wicks, A. C., Berman, S. L., & Jones, T. M. (1999). The structure of optimal trust: Moral and strategic implications. *Academy of Management Review, 24*(1), 99-116.

12장

자기효능감

Self-efficacy

노력도 재능이다?

8

자기효능감이란?

좋아하는 일과 잘하는 일 중 어떤 일을 해야 할까? 내가 좋아하는 일이 마침 내가 잘하는 일이라면 좋겠지만 그렇지 않다면 한 번쯤 고민해봤을 것이다. 좋아하는 일을 해야 한다는 주장을 들어보면, 좋아하는 일을 해야 힘들더라도 견디기 쉽고, 계속 하다 보면 그 일을 잘하게 될 가능성도 높다고 강조한다. 반면, 잘하는 일을 해야 한다는 주장을 들어보면, 좋아하는 일만 하며 살수 없고, 좋아한다고 해서 그 일을 잘하거나 잘하게 되는 것은 아닐 수 있다고 본다. 잘하는 일을 해서 번 돈으로 좋아하는 일을 하라고 조언하기도 한다. 그런데 잘하는 일은 무엇일까? 어떤 일을 떠올렸을 때 내가 그 일을 잘할 수 있다는 생각이 드는 일일 것이다. 이를 자기효능감self-efficacy이라고 한다. 자기효능감은 어떤 상황에서 성공적으로 수행할 수 있다는 기대와 신념을 의미한다.[1] 많은 연구에서 자기효능감이 높을수록 과업 수행,[2] 창의성[3] 및 기업가정신[4]이 높다고 보고해왔다.[5][6]

자기효능감의 반전

자기효능감이 한없이 높아졌을 때 좋기만 한 걸까? 자기효능감이 높으면 노력을 하지 않는다는 연구 결과가 있다.[7][8][9] 영업 사원들을 대상으로 한 연구에서 자기효능감이 높은 조직 구성원은 더 유능하고 자신감 있게 영업활동을 하여 더 큰 판매 실적을 달성할 수 있었다. 그러나 자기효능감이 특정 임계값 이상이 되었을 때는 성과가 더 이상 올라가지 않았다. 그 이유는 이미 자신이 가진 통찰력과 경험을 축적했다고 믿어 동일한 수준의 다른 노력을 기울이지 않았기 때문인 것으로 분석되었다. 다른 연구들에서도 과도한 자기효능감은 안일함을 유발하여 업무에 대한 관심, 노력, 준비가 적어지는 것으로 나타났다.[10][11] 특히 시간이 촉박한 상황에서 자기효능감은 영업 실적을 올리려는 영업 활동과 부적인 관계를 나타냈다.[12] 자기효능감이 낙관주의와 결합되면 지나치게 위험한 혁신을 도입하여 실패할 가능성을 높이기도 했다.[13]

자기효능감의 비선형 결과는 좋아하는 일과 잘하는 일 중 어떤 일을 해야 할지 선택하는 데 새로운 관점을 제공한다. 자기효능감이 높을 경우 더 이상 간절하게 노력하지 않게 될 수 있는데, 이는 결과적으로 성과를 떨어뜨릴 수 있다. 그러나 내가 좋아하는 일을 하는 경우 노력에 큰 힘이 들지 않고, 오히려 그 과정을 즐기기 때문에 노력을 통해 계속 성장하고 발전할 잠재력이 있다. 흔히 재능과 노력을 비교하면서 재능이 있더라도 노력하지 않으면 성공할 수 없고, 재능 없이 노력만 한다고 해서 모두 성공할 수 없다고 한다. 그리고 노력도 쉽지 않다. 노력은 사람마다 전념하는 정도가 다르고 끈기나 인내심에 따라 지속성도 달라질 수 있다. 노력도 일종의 재능일 수 있다. 어느 한쪽이 100이고, 다른 한쪽이 0인 극단적인 경우를 배제하고 좋아하는 일과 잘하는 일을 생각해보자. 두 일 모두 어느 정도 재능이 있고, 노력을 투자할 수 있다고 가정하자.

잘하는 일은 좋아하는 일보다 재능이 더 높지만 노력을 계속하는 데 있어서 더 많은 에너지가 소모된다. 자기효능감 관점에서 본다면 어느 순간 노력을 게을리하게 된다. 그러나 좋아하는 일은 잘하는 일보다 재능이 낮을 수는 있지만 노력을 계속하는 데 오히려 즐거움을 얻는다. 결국 장기적으로 본다면 좋아하는 일이 성공할 가능성이 높다고 생각해볼 수 있다. 물론 여기에는 노력으로 극복하기 어려울 정도로 재능 차이가 있다는 상황은 배제했다. 또한 취미로 좋아하는 일이 직업으로서의 일이 된다면 즐거움이 사라질 수도 있고, 취미로서의 즐거움과 프로페셔

널로서의 즐거움은 즐거움의 질이 다를 수 있다.

자아존중감이란?

자아효능감과 유사한 개념으로 자아존중감Self-Esteem이 있다. 두 개념의 공통점은 자아개념과 관련 있다는 것이고, 자기효능감이나 자아존중감이 높은 사람이 더 높은 성과와 관련된다는 것이다. 하지만 두 개념은 믿음에 대한 잠재적 대상이 다른데, 자아존중감은 개인이 자신의 전반적인 가치에 대해 믿는 것인 반면, 자아효능감은 특정 작업이나 업무를 수행할 때 미래의 행동을 실행할 수 있는 능력에 대한 믿음이다.[15] 측정하는 문항의 내용을 살펴보면 다르다는 것을 알 수 있다.

**자기효능감이 높으면 간절하게 노력하지 않을 수 있고
이는 결과적으로 성과를 떨어뜨린다.
노력을 계속할 수 있는 것도 재능이 아닐 수 없다.**

자아존중감은 어떻게 측정하는가?

조직 맥락에서 사용할 수 있도록 10문항으로 구성된 Organizational-based self-esteem scale(OBSE)[16]이 있다. 그 내용은 다음과 같다.

문항	전혀 그렇지 않다	그렇지 않다	보통 이다	그렇다	매우 그렇다
01 나는 우리 조직에서 가치가 있다.					
02 나는 우리 조직에서 진지하게 받아들여진다.					
03 나는 우리 조직에서 중요한 사람이다.					
04 나는 우리 조직에서 신뢰받고 있다.					
05 우리 조직에는 나에 대한 믿음이 있다.					
06 나는 우리 조직에서 영향력이 있다.					
07 나는 우리 조직에서 소중한 존재이다.					
08 나는 우리 조직에 도움이 된다.					
09 나는 우리 조직에 유능하다.					
10 나는 우리 조직에서 협조적이다.					

자기효능감은 어떻게 측정하는가?

8문항으로 Chen 외(2001)[17]의 측정도구가 있고, 그 내용은 다음과 같다.

문항	전혀 그렇지 않다	그렇지 않다	보통 이다	그렇다	매우 그렇다
01 나는 스스로 설정한 대부분의 목표를 달성할 수 있을 것이다.					
02 어려운 과제에 직면했을 때 나는 그것을 완수할 수 있다고 확신한다.					
03 나는 보통 중요한 결과물을 얻을 수 있다고 생각한다.					
04 나는 마음먹고 노력하면 대부분 성공할 거라 믿는다.					
05 나는 많은 어려움을 성공적으로 극복할 수 있을 것이다.					
06 나는 다양한 업무를 효과적으로 수행할 수 있다고 확신한다.					
07 나는 다른 사람들에 비해 대부분의 일을 매우 잘 해낼 수 있다.					
08 나는 힘든 상황에서도 잘 해낼 수 있다.					

Reference

1 Bandura, A. (1977). Self-efficacy: Toward a unifying theory of behavioral change. *Psychological Review, 84*(2), 191–215.

2 Ede, A., Sullivan, P. J., & Feltz, D. L. (2017). Self-doubt: Uncertainty as a motivating factor on effort in an exercise endurance task. *Psychology of Sport and Exercise, 28*(1), 31–36.

3 Lee, J., Yun, S., Lee, S., & Lee, J. h. (2019). The curvilinear relationship between self-efficacy and creativity: The moderating role of supervisor close monitoring. *Journal of Business and Psychology, 34*(3), 377–388.

4 Gielnik, M., Bledow, R., & Stark, M. (2020). A dynamic account of self-efficacy in entrepreneurship. *Journal of Applied Psychology, 105*(5), 487–505.

5 Judge, T. A., & Bono, J. E. (2001). Relationship of core self-evaluations traits—self-esteem, generalized self-efficacy, locus of control, and emotional stability—with job satisfaction and job performance: A meta-analysis. *Journal of Applied Psychology, 86*(1), 80–92.

6 Stajkovic, A. D., & Luthans, F. (1998). Self-efficacy and work-related performance: A meta-analysis. *Psychological Bulletin, 124*(2), 240–261.

7 Rapp, A. A., Bachrach, D. G., & Rapp, T. L. (2013). Time management skill and resource allocation: Curvilinearity in the relationship between organizational citizenship behavior and task performance. *Journal of Applied Psychology, 98*(4), 668–677.

8 Rubin, R. S., Dierdorff, E. C., & Bachrach, D. G. (2013). Boundaries of citizenship behavior: Curvilinearity and context in the citizenship and task performance relationship. *Personnel Psychology, 66*(2), 377–406.

9 Bachrach, D. G., Rapp, T. L., Rapp, A. A., & Ogilvie, J. (2022). "Too Much" Self-Efficacy? Understanding the Curvilinear Consequences of Between-Person Self-Efficacy through a Moderated-Mediation Model of Perceived Proximity and Employee Effort. *Group and Organization Management, 0*(0), 1-38.

10 Stone, D. N. (1994). Overconfidence in initial self-efficacy judgments: Effects

on decision processes and performance. *Organizational Behavior and Human Decision Processes, 59*(3), 452–474.

11   Grant, A. M., & Schwartz, B. (2011). Too much of a good thing: The challenge and opportunity of the inverted U. *Perspectives on Psychological Science, 6*(1), 61–76.

12   Beck, J. W., & Schmidt, A. M. (2018). Negative relationships between self-efficacy and performance can be adaptive: The mediating role of resource allocation. *Journal of Management, 44*(2), 555–588.

13   Hmieleski, K. M., & Baron, R. A. (2008). Entrepreneurs' optimism and new venture performance: A social cognitive perspective. *Academy of Management Journal, 52*(3), 473–488.

14   Simon, M., & Houghton, S. M. (2003). The relationship between overconfidence and the introduction of risky products: Evidence from a field study. *Academy of Management Journal, 46*(2), 139–149.

15   Gardner, D. G., & Pierce, J. L. (1998). Self-esteem and self-efficacy within the organizational context: An empirical examination. *Group & Organization Management, 23*(1), 48-70.

16   Pierce, J. L., Gardner, D. G., Cummings, L. L., & Dunham, R. B. (1989). Organization-based self-esteem: Construct definition, measurement, and validation. *Academy of Management Journal, 32*(3), 622-648.

17   Chen, G., Gully, S. M., & Eden, D. (2001). Validation of a new general self-efficacy scale. *Organizational Research Methods, 4*(1), 62-83.

13장

지식 공유

Knowledge Sharing

천석꾼은 천 가지 걱정,
만석꾼은 만 가지 걱정이 있다

∞

집단 지성이 항상 좋을까?

혁신을 거듭하는 조직을 만들기 위해 조직 구성원 간 지식 공유가 강조되어 왔다. 집단 지성collective intelligence은 서로 다른 개인들이 모여 지식과 경험을 공유해 큰 성과를 이뤄낼 것이라는 믿음을 근간으로 하고 있지만 지식 공유 과정에서 발생하는 문제점에 대해서는 상대적으로 관심이 부족했다.[1] 지식 공유 과정에서 의견 충돌로 갈등이 발생하면 협업과 팀 성과를 저해할 수 있다.[2] 지식 공유는 지식 제공자에게 상당한 물적/시간적 노력을 요하기 때문에 보상이 없는 경우 거부감을 가져올 수 있고, 너무 자주 많은 지식의 공유는 혁신보다는 산만함을 야기할 수 있다.[3]

지식 공유란?

지식 공유는 조직 구성원 간의 경험, 기술, 암묵적 및 명시적 지식의 교환이며,[4] 그것이 조직의 명시적 지식으로 변환함으로써 조직의 지적 자본을 형성한다.[5] 특히 지식 근로자 간 지식 공유는 상호 학습을 촉진하고, 중복 학습에 따른 비용을 절감하며, 지식 생성이 개선되어 혁신과 생산성이 향상된다.[6,7] 경제적 보상, 타인의 인정, 지식 공유 과정에서 상호 이익을 얻을 수 있거나,[8,9] [10,11,12,13,14] 자신의 능력에 자신감이 있는 사람일수록 지식을 더욱 기꺼이 공유하고자 하는 지식 공유 의도knowledge sharing intention가 높은 것으로 밝혀졌다.[10,11]

지식 공유의 반전

지식 공유를 꺼리는 이유는 무엇일까? 개인이 지식을 얻기 위해 들인 에너지, 시간, 노력, 주의, 감정이 높을수록 지식에 대한 심리적 소유 의식이 높아지기 때문에 지식 공유를 꺼릴 수 있다.[15] 공부해서 남 주기 아까워지는 것이다. 또한 경쟁이 치열한 환경일수록 최신의 고급 지식은 개인의 경쟁력을 담보하기 때문에 최대한 공유를 보류할 수 있다. 경쟁 우위의 비밀을 굳이 공유해 경쟁에서 뒤처진다는 불안감에 시달리고 싶지 않아 발동하는

방어기제이다.[16] 따라서 지식 공유와 보류 사이의 균형을 맞추는 것이 중요하다.[17]

개방적 커뮤니케이션이 높아질수록 지식 공유의 기회와 가능성이 높아지고, 지식 공유를 통한 긍정적인 효과가 발생한다. 그러나 지식 공유가 자신의 권위나 권력, 영향력을 감소시킬 수 있고 경력 성공에 부정적인 영향을 미친다고 느끼게 되면 지식 공유 의도가 감소하게 된다.[17] 즉, 과도하게 개방된 커뮤니케이션은 오히려 지식 공유를 방해할 수 있다. 기쁨은 나누면 배가 되고, 슬픔을 나누면 절반이 된다는 말이 있는데, 세상을 살다 보면 기쁨을 나누면 질투가 되고 슬픔을 나누면 약점이 되는 경우를 왕왕 마주할 수 있다. 무조건적인 개방과 공유보다는 무엇을 공유할지 합의를 이루는 것이 선행될 필요가 있다.

지식 전이란?

전통적으로 조직 경계를 넘어 지식을 전달하는 것으로 정의되는 지식 전이Knowledge Transfer는 긍정적인 방식으로 회사 성과와 관련이 있다.[19] 지식 전이는 팀이나 조직의 주체들이 타인의 경험과 지식을 교환하고, 영향을 주고받는 과정[20][21][22]으로, 75편의 논문을 분석한 연구[22]에서 성과와 혁신성을 향상시키는 것으로 나타났다. 또한 지식 전이는 혁신 역량을 향상시키고,[23] 혁신 가속화와 경쟁 우위 강화에 기여한다. 구체적으로 지식 전이를 통해 기존 지식과 새로 획득한 지식을 결합시켜서, 새로운 연결 및 연관성을 창출하기 때문에 새로운 아이디어 창출에 필수적 요소라 할 수 있다.[24]

결론

지식 공유의 활성화 방법은 지식 전이 활성화 방안을 통해 유추해볼 수 있다. 일반적으로 지식 전이는 복잡성, 거리, 조직문화 등에 영향을 받는다. 지식이 복잡하면 전달되는 데 시간이 오래 걸리는데, 특히 인과적으로 모호하고 암묵적일수록 전이가 어렵고, 지식 소유자가 공유보다 보유를 선택하는 경향이 있다.[25][26] 환경적 거리, 예를 들어 문화적, 공간 지리적, 제도적 거리가 멀수록,[27][28] 조직문화가 이질적일수록 분권화 정도가 심할수록 지식 전이가 어렵다.[29]

지식이 점차 고도화되고 있는 추세를 생각했을 때, 복잡한 지식을 단순하게 만들어 지식 전이를 촉진한다는 발상은 바람직하지 못하다. 대신 환경적인 거리, 조직문화 등은 지식 전이에 유리한 방향으로 개입을 생각해볼 수 있다. 유사한 문화적 배경을 가진 환경에서 지식 전이가 잘 이뤄지기 때문에,[26] 조직이 추구하는 바람직한 조직문화를 조성하고, 신뢰 관계와 네트워크 안정성을 쌓는 것이 필요하다.[30][31] 이러한 방법은 지식 은폐도 줄이는 것으로 나타났다.[29] 이때 리더의 역할도 중요한데, 리더십은 조직문화와 시너지를 창출할 수 있는 반면 부정적인 리더십 경험은 지식 은폐로 이어질 수 있기 때문이다.[32][33]

**지식 공유와 보류 사이에 균형을 맞추는 것이 중요하며,
무조건적인 개방과 공유보다는
무엇을 공유할 지식으로 지정하고 공유할지에 대한
합의를 이루는 것이 선행될 필요가 있다.**

지식 공유 의도는 어떻게 측정하는가?

5문항으로 Bock 외(2005)[34]의 측정도구가 있고, 그 내용은 다음과 같다.

요인	문항	전혀 그렇지 않다	그렇지 않다	보통 이다	그렇다	매우 그렇다
명시지 공유 의도	01 나는 앞으로 업무 보고서와 공식 문서를 조직 구성원들과 더 자주 공유할 의향이 있다.					
	02 나는 조직 구성원을 위해 매뉴얼, 방법, 모델을 항상 제공할 의향이 있다.					
암묵지 공유 의도	03 나는 앞으로 업무 경험이나 노하우를 다른 조직원들과 더 자주 공유할 의향이 있다.					
	04 나는 항상 다른 조직 구성원이 요청하면 나의 지식이나 노하우를 제공할 의향이 있다.					
	05 나는 교육이나 연수를 통해 얻은 전문지식을 다른 조직원들과 보다 효과적인 방법으로 공유하도록 노력할 의향이 있다.					

Reference

1 Černe, M., Nerstad, C. G., Dysvik, A., & Škerlavaj, M. (2014). What goes around comes around: Knowledge hiding, perceived motivational climate, and creativity. *Academy of Management Journal, 57*(1), 172-192.

2 De Dreu, C. K., & Weingart, L. R. (2003). Task versus relationship conflict, team performance, and team member satisfaction: A meta-analysis. *Journal of Applied Psychology, 88*(4), 741-749.

3 Li, X., Liu, X., & Chen, W. (2022). *Too-much-of-a-good-thing? The curvilinear relation among Communication Openness, knowledge sharing intention and Enterprise Innovation Performance and moderating effect of gender.* In Proceedings of the 5th International Conference on Information Management and Management Science, Chengdu. pp. 90–96.

4 Castaneda, D. I., & Cuellar, S. (2020). Knowledge sharing and innovation: A systematic review. *Knowledge and Process Management, 27*(3), 159-173.

5 Wang, Z., Sharma, P. N., & Cao, J. (2016). From knowledge sharing to firm performance: A predictive model comparison. *Journal of Business Research, 69*(10), 4650-4658.

6 Markus, H. R., & Kitayama, S. (2014). Culture and the self: Implications for cognition, emotion, and motivation. *Psychological Review, 98*(2), 224–253. Routledge.

7 De Vries, R. E., Van den Hooff, B., & De Ridder, J. A. (2006). Explaining knowledge sharing: The role of team communication styles, job satisfaction, and performance beliefs. *Communication Research, 33*(2), 115-135.

8 Beer, M., & Nohria, N. (2000). Cracking the code of change. *Harvard Business Review, 78*(3), 133–141.

9 Hall, H. (2001). Input-friendliness: motivating knowledge sharing across intranets. *Journal of Information Science, 27*(3), 139-146.

10 Constant, D., Kiesler, S., & Sproull, L. (1994). What's mine is ours, or is it? A study of attitudes about information sharing. *Information Systems Research,*

5(4), 400–421.

11 Constant, D., Sproull, L., & Kiesler, S. (1996). The kindness of strangers: The usefulness of electronic weak ties for technical advice. *Organization Science,* 7(2), 119–135.

12 Ba, S., Stallaert, J., & Whinston, A. B. (2001). Optimal investment in knowledge within a firm using a market mechanism. *Management Science,* 47(9), 1203-1219.

13 Kollock, P. (1998). Social dilemmas: The anatomy of cooperation. *Annual Review of Sociology,* 22(1), 183–205.

14 Wasko, M. M., & Faraj, S. (2005). Why should I share? Examining social capital and knowledge contribution in electronic networks of practice. *MIS Quarterly,* 29(1), 35-57.

15 Sun, H., Zhang, L., & Meng, J. (2020). Alleviating knowledge contribution loafing among engineering designers by ethical leadership: The role of knowledge-based psychological ownership and emotion regulation strategies. *Journal of Knowledge Management,* 24(2), 235-257.

16 Huo, W., Cai, Z., Luo, J., Men, C., & Jia, R. (2016). Antecedents and intervention mechanisms: A multi-level study of R&D team's knowledge hiding behavior. *Journal of Knowledge Management,* 20(5), 880-897.

17 Stenius, M., Hankonen, N., Ravaja, N., & Haukkala, A. (2016). Why share expertise? A closer look at the quality of motivation to share or withhold knowledge. *Journal of Knowledge Management,* 20(2), 181-198.

18 Muqadas, F., Rehman, M., Aslam, U., & Ur-Rahman, U. (2017). Exploring the challenges, trends and issues for knowledge sharing. *Journal of Information Knowledge Management Systems,* 47(1), 2-15.

19 Easterby-Smith, M., Lyles, M. A., & Tsang, E. W. (2008). Inter-organizational knowledge transfer: Current themes and future prospects. *Journal of Management Studies,* 45(4), 677-690.

20 Mowery, D. C., Oxley, J. E., & Silverman, B. S. (1996). Strategic alliances and interfirm knowledge transfer. *Strategic Management Journal,* 17(S2), 77-91.

21 Tsai, W. (2001). Knowledge transfer in intraorganizational networks: Effects of network position and absorptive capacity on business unit innovation and performance. *Academy of Management Journal,* 44(5), 996-1004.

22 Van Wijk, R., Jansen, J. J., & Lyles, M. A. (2008). Inter-and intra-organizational knowledge transfer: A meta-analytic review and assessment of its antecedents and consequences. *Journal of Management Studies, 45*(4), 830-853.

23 Huizingh, E. K. (2011). Open innovation: State of the art and future perspectives. *Technovation, 31*(1), 2-9.

24 Janssen, O. (2000). Job demands, perceptions of effort-reward fairness and innovative work behaviour. *Journal of Occupational and Organizational Psychology, 73*(3), 287-302.

25 Ko, D. G., Kirsch, L. J., & King, W. R. (2005). Antecedents of knowledge transfer from consultants to clients in enterprise system implementations. *MIS Quarterly, 29*(1), 59-85.

26 Bhagat, R. S., Kedia, B. L., Harveston, P. D., & Triandis, H. C. (2002). Cultural variations in the cross-border transfer of organizational knowledge: An integrative framework. *Academy of Management Review, 27*(2), 204-221.

27 Junni, P. (2011). Knowledge transfer in acquisitions: Fear of exploitation and contamination. *Scandinavian Journal of Management, 27*(3), 307-321.

28 Coccia, M. (2008). Spatial mobility of knowledge transfer and absorptive capacity: Analysis and measurement of the impact within the geoeconomic space. *The Journal of Technology Transfer, 33*(1), 105-122.

29 Serenko, A., & Bontis, N. (2016). Understanding counterproductive knowledge behavior: antecedents and consequences of intra-organizational knowledge hiding. *Journal of Knowledge Management, 20*(6), 1199-1224.

30 Dhanaraj, C., Lyles, M. A., Steensma, H. K., & Tihanyi, L. (2004). Managing tacit and explicit knowledge transfer in IJVs: The role of relational embeddedness and the impact on performance. *Journal of International Business Studies, 35*(5), 428-442.

31 Inkpen, A. C., & Tsang, E. W. (2005). Social capital, networks, and knowledge transfer. *Academy of Management Review, 30*(1), 146-165.

32 Anand, A., Centobelli, P., & Cerchione, R. (2020). Why should I share knowledge with others? A review-based framework on events leading to knowledge hiding. *Journal of Organizational Change Management, 33*(2), 379-399.

33 Khalid, M., Bashir, S., Khan, A. K., & Abbas, N. (2018). When and how abusive supervision leads to knowledge hiding behaviors: An Islamic work ethics perspective. *Leadership and Organization Development Journal, 39*(6), 794-806.

34 Bock, G. W., Zmud, R. W., Kim, Y. G., & Lee, J. N. (2005). Behavioral intention formation in knowledge sharing: Examining the roles of extrinsic motivators, social-psychological forces, and organizational climate. *MIS Quarterly*, 29(1), 87-111.

14장

성실성

Conscientiousness

멍부가 조직을 망친다

∞

직장인이라면 한 번쯤은 똑부(똑똑하고 부지런함), 똑게(똑똑하고 게으름), 멍부(멍청하고 부지런함), 멍게(멍청하고 게으름)라는 분류를 들어본 적이 있을 것이다. 부지런함은 항상 좋은 덕목으로만 생각했었는데 멍부를 떠올리고 있자면 그렇게 답답할 수가 없다. 나무위키에서는 멍부를 이렇게 설명하고 있다.

업무 능력이 충분하지 않으면서 성실함을 능력으로 착각하는 유형이다. 보통 최악의 유형으로 손꼽히는 인물상으로, 일단 부지런하니 뭔가 하는 건 많지만 멍청하기 때문에 일을 제대로 진행하지 못하거나 오히려 망친다. 가만히 있지 않아서 본전도 못 찾는, '대부분의 무능력한 상사'들이 이 유형에 속한다. 조직에 존재해선 안 되는 유형이다.

성실성이란?

McCrae와 Costa(2008)[1]는 Big 5 이론을 통해 인간의 성격을 다섯 가지로 제시했다. 그중 하나인 성실성은 사회적으로 규정된 규범을 따르고, 목표를 지향하며, 계획을 세우고, 참을성이 있는 성향으로 정의된다.[2][3] 성실성이 높은 사람은 사회적 규범을 준수하고, 체계적이며, 부지런하고, 질서 정연하며, 자제력이 있고, 행동하기 전 생각하는 경향이 있다.[4][5] 많은 연구를 통해 성실성이 높은 사람이 다양한 직업군에서 성과를 냈고,[6][7][8] 주관적 웰빙, 대인관계, 건강, 결혼 안정성 등도 높은 것으로 나타났다.[9][10][11][12][13]

Big 5 모델이란?

Big 5 모델은 성격 심리학에서 가장 널리 사용되는 성격 특성 분류 모델 중 하나로, 다섯 가지 성격 특성으로 구성된다.

1. **외향성**Extraversion은 사람들이 다른 사람과의 상호작용을 선호하는지, 활동적이고 활발한 성향을 가지는지를 나타낸다. 외향성이 높은 사람들은 사회적인 모임을 즐기고, 에너지를 외부 활동에 집중하는 경향이 있다.

2. **친화성**Agreeableness은 사람들이 다른 사람들을 어떻게 대하고 협력하는지를 나타낸다. 친화성이 높은 사람들은 타인을 이해하고 돕는 데 관심을 가지며, 협력과 조화를 중요시한다.

3. **성실성**Conscientiousness은 사람들이 얼마나 책임감 있고 조직적인지를 나타낸다. 성실성이 높은 사람들은 목표를 설정하고, 규칙을 따르며, 일의 완수와 책임에 주력한다.

4. **안정성**Emotional Stability은 사람들이 얼마나 감정적으로 안정되어 있는지를 나타낸다. 안정성이 높은 사람들은 스트레스에 잘 대처한다.

5. **개방성**Openness to Experience은 사람들이 새로운 경험과 아이디어에 얼마나 개방적인지를 나타낸다. 개방성이 높은 사람들은 창의적이고, 호기심이 많으며, 다양한 경험을 추구하는 경향이 있다.

성실성의 반전

성공한 사람들의 스토리에는 '성실'이 빠지지 않는다. 그래서인지 우리는 어릴 적부터 끊임없이 성실할 것을 세뇌(?)받았다. 그러나 일부 연구자들은 매우 높은 수준의 성실성을 가진 조직 구성원보다 중간 정도의 성실성 수준을 가진 조직 구성원이 더 나은 성과를 낸다고, 성실성의 지나침을 우려하는 목소리를 내고 있다.[14][15] 지나친 성실성은 성취도, 목표 추구, 심리적 적응 등에 부정적인 영향을 미칠 수 있다.[16][17] 예를 들어, 과도하게 성실한 조직 구성원은 과제와 목표를 너무 오래 지속할 수 있고, 부정적인 피드백에 대해 더 긴장할 수 있는데, 이는 성실한 사람이 더 큰 고통과 심패감을 경험할 수 있음을 시사한다.[18] 또한, 성실성이 높은 사람은 종종 강박 성향이나 완벽주의자일 수 있는데, 이 경우 비교적 중요성이 낮은 업무에 '쓸데없이' 많은 시간을 할당하면서 결과적으로 시간을 낭비할 수 있고, 완벽한 업무 수행에 너무 신경을 써서 집단 목표 달성을 지연시킬 수 있으며, 공동을 위한 조직 시민 행동에 참여하지 않음으로써 팀의 긴장을 초래하고 결국 목표 달성에 방해가 될 수 있다.[14 15 19 20] 과도하게 성실한 조직 구성원은 리더의 지시 사항을 파악하기 위해 리더의 언행에 보다 관심을 기울이고, 리더가 암묵적으로 기대하는 시그널까지 캐치해 그것을 달성하고자 필요한 노력 이상을 투자한다. 특히 리더의 성과가 높다면 높은 기대치를 충족하기 위해 더 많은 에너지와 시간을 투자하고 결과적으로 소진을 경험할 수 있다.[21 22]

결론

'멍부'는 열심히만 할 줄 아는 사람을 야유하는 의도로 사용되지만, 성실성은 사람이 가질 수 있는 큰 장점 중 하나이다. 리더는 팀원의 성실성이라는 강점을 극대화시키는 것이 중요하다. 만약 백 명의 팀원이 있으면 성과를 내는 방식은 백 가지가 있을 수 있다. 다양한 방식으로 성과를 보여줄 조직 구성원의 잠재력을 극대화하기 위해 일의 우선순위, 일의 복잡성, 업무 강도 등을 고려하여 적절하게 업무를 할당할 줄 아는 것도 리더의 능력이다. 조직 구성원도 마찬가지다. 주어진 업무가 무엇을 위한 일인지, 어떤 결과가 기대되는지, 조직에서 이 일의 비중이나 우선순위가 어떠한지 등 일의 무게와 본질을 파악하는 것이 중요하다. 리더와 충분한 논의를 통해 일의 효율성을 높이기 위해 한정된 에너지를 배분하는 것 역시 팀원에게 요구되는 능력이다. 준비된 자에게 기회가 온다는 말이 있는데, 부지런히 출근만 하는 건 그러한 준비가 아니다. 이상의 내용을 그림으로 정리하면 다음과 같다.

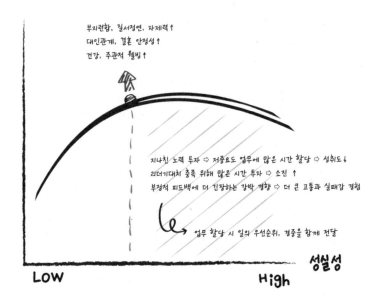

Reference

1 McRae, R. R., & Costa, P. T. (2008). The five-factor theory of personality. In O. P. John, R. W. Robins, & L. A. Pervin (Eds.). *Handbook of personality: Theory and research* (pp. 159–181). (3rd ed.). Guilford.

2 Barrick, M. R., & Mount, M. K. (1991). The big five personality dimensions and job performance: A meta-analysis. *Personnel Psychology, 44*(1), 1-26.

3 Barrick, M. R., Mount, M. K., & Judge, T. A. (2001). Personality and performance at the beginning of the new millennium: What do we know and where do we go next?. *International Journal of Selection and Assessment, 9*(1-2), 9-30.

4 Jackson, J. J., Wood, D., Bogg, T., Walton, K. E., Harms, P. D., & Roberts, B. W. (2010). What do conscientious people do? Development and validation of the Behavioral Indicators of Conscientiousness (BIC). *Journal of Research in Personality, 44*(4), 501-511.

5 Smithikrai, C. (2008). Moderating effect of situational strength on the relationship between personality traits and counterproductive work behaviour. *Asian Journal of Social Psychology, 11*(4), 253-263.

6 Dunn, W. S., Mount, M. K., Barrick, M. R., & Ones, D. S. (1995). Relative importance of personality and general mental ability in managers' judgments of applicant qualifications. *Journal of Applied Psychology, 80*(4), 500-509.

7 Judge, T. A., Higgins, C. A., Thoresen, C. J., & Barrick, M. R. (1999). The big five personality traits, general mental ability, and career success across the life span. *Personnel psychology, 52*(3), 621-652.

8 Salgado, J. F., & Rumbo, A. (1997). Personality and job performance in financial services managers. *International Journal of Selection and Assessment, 5*(2), 91-100.

9 Bogg, T., & Roberts, B. W. (2004). Conscientiousness and Health-Related Behaviors: A Meta-Analysis of the Leading Behavioral Contributors to Mortality. *Psychological Bulletin, 130*(6), 887-919.

10 Claxton, A., O'Rourke, N., Smith, J. Z., & DeLongis, A. (2012). Personality traits and marital satisfaction within enduring relationships: An intra-couple discrepancy approach. *Journal of Social and Personal Relationships, 29*(3), 375-396.

11 DeNeve, K. M., & Cooper, H. (1998). The happy personality: a meta-analysis of 137 personality traits and subjective well-being. *Psychological Bulletin, 124*(2), 197-229.

12 Judge, T. A., Heller, D., & Mount, M. K. (2002). Five-factor model of personality and job satisfaction: A meta-analysis. *Journal of Applied Psychology, 87*(3), 530-541.

13 O'Neill, T. A., & Allen, N. J. (2011). Personality and the prediction of team performance. *European Journal of Personality, 25*(1), 31-42.

14 Carter, N. T., Dalal, D. K., Boyce, A. S., O'Connell, M. S., Kung, M. C., & Delgado, K. M. (2014). Uncovering curvilinear relationships between conscientiousness and job performance: How theoretically appropriate measurement makes an empirical difference. *Journal of Applied Psychology, 99*(4), 564-586.

15 Le, H., Oh, I. S., Robbins, S. B., Ilies, R., Holland, E., & Westrick, P. (2011). Too much of a good thing: Curvilinear relationships between personality traits and job performance. *Journal of Applied Psychology, 96*(1), 113-133.

16 Carter, N. T., Miller, J. D., & Widiger, T. A. (2018). Extreme personalities at work and in life. *Current Directions in Psychological Science, 27*(6), 429-436.

17 Pierce, J. R., & Aguinis, H. (2013). The too-much-of-a-good-thing effect in management. *Journal of Management, 39*(2), 313-338.

18 Cianci, A. M., Klein, H. J., & Seijts, G. H. (2010). The effect of negative feedback on tension and subsequent performance: The main and interactive effects of goal content and conscientiousness. *The Journal of Applied Psychology, 95*(4), 618-630.

19 Dunkley, D. M., Blankstein, K. R., Zuroff, D. C., Lecce, S., & Hui, D. (2006). Self-critical and personal standards factors of perfectionism located within the five-factor model of personality. *Personality and Individual Differences, 40*(3), 409-420.

20 Samuel, D. B., & Widiger, T. A. (2011). Conscientiousness and obsessive-

compulsive personality disorder. *Personality Disorders: Theory, Research, and Treatment, 2*(3), 161-174.

21 Perry, S. J., Rubino, C., & Witt, L. A. (2011). General job performance of first-line supervisors: The role of conscientiousness in determining its effects on subordinate exhaustion. *Stress and Health, 2*(27), e83-e93.

22 Witt, L. A., Burke, L. A., Barrick, M. R., & Mount, M. K. (2002). The interactive effects of conscientiousness and agreeableness on job performance. *Journal of Applied Psychology, 87*(1), 164-169.

준비된 자에게 기회가 온다는 말이 있는데,
부지런히 출근만 하는 건 그러한 준비가 아니다.

15장

지적 겸손

Intellectual Humility

과례도 결례다

∞

빈 수레가 요란하다

직장에서는 스스로의 능력을 과대평가해서 과도한 자신감을 드러내는 부류가 있다. 이른바 '근자감(근거 없는 자신감)'을 보이는 사람들이다. 코넬대학교 교수 데이비드 더닝David Dunning과 그의 제자 저스틴 크루거Justin Kruger는 실험을 통해 '근자감'을 가진 사람들과 관련된 이론을 찾아냈는데, 바로 '더닝-크루거 효과Dunning-Kruger effect'이다. 흥미롭게도 이 이론의 요지는 무지할수록 자신감이 넘친다는 것이다. 다시 말해, 어떤 분야에 대해 처음 알기 시작하면 마치 그 영역을 다 알 것 같은 자신감이 하늘을 찌르다가 능력이 많아질수록 자신의 무지를 인지하고, 자신감이 줄어든다. 물론 자신의 능력이 전문가 수준으로 상승하면 자신감도 다시 상승한다는 이론이다.

지적 겸손이란?

겸손은 자기보다 더 큰 무언가가 존재한다는 것을 인정하는 것이다.[12] 지적 겸손intellectual humility은 자신의 지식이 완전하지 않고, 현재 갖고 있는 정보가 부족하거나 틀릴 수 있음을 인식하는 것으로 인식의 한계에 초점을 둔 개념이다.[3] 구글도 직원에게 바라는 자질로 지적 겸손을 꼽았는데, 자신이 틀렸을 때, 그것을 인정하고 곧바로 새로움을 받아들일 수 있는 준비와 배우려는 자세를 갖추고 있는지를 강조했다.[3] 지적 겸손은 관점 수용, 공감적 관심, 감사, 이타주의, 자비심 등을 긍정적으로 예측한다는 사실이 발견되었다.[4]

지적 겸손은 지적 한계를 무시하고 자신의 지적 결함을 인식하지 못하는 지적 오만intellectual arrogance과 지적 한계에 매몰돼 과도하게 지적으로 복종하거나 순종하는 지적 굴종intellectual servility 사이의 중간에 자리한다.[35] 지적으로 겸손하다는 것은 자신이 굳게 간직하고 있는 신념조차 틀릴 수 있다는 가능성을 열어두는 것이다. 그러나 지적 겸손이 지나쳐 지적 굴종이 되면 불확실성과 모호함이 늘어나고,[6] 자신의 지적 능력이나 강점을 과소평가하게 된다.[7] 자신의 역량을 과도하게 의심하고 한계에만 집착하다 보면, 꾸준히 노력해도 자신이 추구하는 이상적 기준에 부합하지 못할 것이라는 패배의식을 갖게 되고, 스스로를 새로운 정

보로부터 닫아버릴 수 있다.[8]

　　많은 학자들은 겸손을 리더의 덕목으로 보았다. 구체적으로 리더의 겸손은 1) 자신을 정확하게 바라보고자 하는 의지가 있고, 2) 타인의 강점과 기여에 대해 감사할 줄 알며, 3) 새로운 아이디어와 피드백을 배울 수 있는 개방성을 특징으로 한다.[19] 200여 편에 달하는 리더 겸손에 관한 연구들을 분석한 결과, 겸손한 리더는 조직원의 만족도, 정서적 헌신, 신뢰, 인지된 심리적 안전 및 심리적 자본, LMX, 혁신, 창의성, 성과를 향상시켰고, 소진과 이직 의도를 낮췄다.[1]

겸손과 겸허의 차이

　　겸손과 비슷한 단어로 겸허modesty가 있다. 겸허는 자신을 자랑하지 않고 온건하게 표현하는 것을 의미한다.[10] 겸허는 내가 어떤 견해를 갖는지보다self-view 나를 어떻게 표현하는지에self-presentation 관심을 둔다. 다시 말해, 내가 겸손한 생각을 하지 않더라도 겸손하게 표현한다면 겸허하다고 볼 수 있다. 겸허는 과도한 관심을 끌지 않기 위해 사회적인 인식을 의식한다는 점에서 겸손과 구분된다.[9] 과거 박지성 선수가 인터뷰를 거절하면서 축구는 잘하고 싶지만 유명해지긴 싫다고 말한 적이 있는데, 겸허한 표현의 대표적인 예라고 하겠다. 또한 겸허는 지적 겸손과 달리 학습 지향적이지 않고, 자신에 대한 긍정적인 정보를 숨기는 경향이 있어[11] 자신의 능력에 대해 과대 또는 과소평가하지 않는 겸손과 구별된다.[6 12]

지적 겸손의 반전

일부 연구에서는 리더가 자신의 단점과 실수를 강조하는 등 불필요할 정도로 과도한 겸손을 보이면 조직원들이 리더의 능력에 의문을 품게 되고, 이는 불신으로 이어져 가치를 창출하는 일에 집중이 감소할 수 있다고 지적하였다.[13 14] 또한, 리더가 실질적인 지원은 제공하지 않은 채 조직원들에게 권한을 부여하면서 겸손한 이미지를 구축하려고 할 때, 조직원들은 리더가 무능하고 위선적이라 생각하고, 부여받은 권한을 불공정하다고 느껴 사기가 저하되고 조직을 향한 기여가 줄어든다고 한다.[15] 게다가 리더가 지나친 겸손을 드러내는 데 신경 쓰면 조직원들을 지원하는 데 소홀해질 수밖에 없는데, 이는 조직원들의 창의적 능력이나 혁신적 역량의 발전을 저해할 수 있다.[16 17]

결론

과례도 결례라는 말이 있다. 지나친 예의는 상대방에게 부담을 줄 수 있고, 지나친 격식은 비효율을 초래할 수 있다. 리더의 겸손은 오만과 굴종 사이의 어느 한 지점에 있다기보다는 스펙트럼의 형태로 존재할 것이다. 리더는 조직 상황, 시간 압박, 업무 상호의존성, 조직원의 성격 등에 따라 스펙트럼의 경계를 조정해가면서 직원들을 대해야 할 것이다.[14] 리더에게 반론을 제기할 때 느끼는 불편한 정도, 심리적인 저항감을 의미하는 권력 거리power distance도 리더는 고려해야 한다. 높은 권력 거리를 가진 조직원은 리더에 대한 존중과 민감함이 크기 때문에 리더의 겸손함은 조직원들의 심리적 안정감을 높일 수 있다.[14]

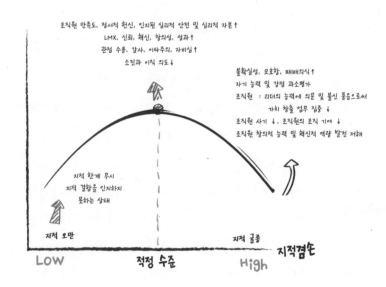

조직원 만족도, 정서적 헌신, 인지된 심리적 안전 및 심리적 자본↑
LMX, 신뢰, 혁신, 창의성, 성과↑
관점 수용, 감사, 이타주의, 자비심↑
소진과 이직 의도↓

불확실성, 모호함, 패배의식↑
자기 능력 및 강점 과소평가
조직원 : 리더의 능력에 의문 및 불신 품음으로써
가치 창출 업무 집중↓
조직원 사기↓, 조직원의 조직 기여↓
조직원 창의적 능력 및 혁신적 역량 발전 저해

지적 한계 무시
지적 결함을 인지하지
못하는 상태

지적 오만

지적 굴종

지적겸손

Low   적정 수준   High

지나친 예의는 상대방에게 부담을 줄 수 있고,
지나친 격식은 비효율을 초래할 수 있다.

리더의 겸손은 어떻게 측정하는가?

9문항으로 구성된 Owens 외(2013)[9]의 Expressed Humility Scale 이 있고, 그 내용은 다음과 같다.

문항	전혀 그렇지 않다	그렇지 않다	보통이다	그렇다	매우 그렇다
01 리더는 비판적인 피드백이라도 적극적으로 구한다.					
02 리더는 무언가를 하는 방법을 모르면 그것을 인정한다.					
03 리더는 조직원이 자신보다 더 많은 지식과 기술을 가지고 있을 때 이를 인정한다.					
04 리더는 조직원의 강점에 주목한다.					
05 리더는 조직원의 장점을 자주 칭찬한다.					
06 리더는 조직원의 고유한 기여에 감사를 표한다.					
07 리더는 조직원들로부터 기꺼이 배우려고 한다.					
08 리더는 조직원의 아이디어에 개방적이다.					
09 리더는 조직원의 조언에 개방적이다.					

지적 겸손

Reference

1 Chandler, J. A., Johnson, N. E., Jordan, S. L., & Short, J. C. (2022). A meta-analysis of humble leadership: Reviewing individual, team, and organizational outcomes of leader humility. *The Leadership Quarterly, 34*(1). 1-42.

2 Ou, A. Y., Tsui, A. S., Kinicki, A. J., Waldman, D. A., Xiao, Z., & Song, L. J. (2014). Humble chief executive officers' connections to top management team integration and middle managers' responses. *Administrative Science Quarterly, 59*(1), 34-72.

3 Porter, T., Baldwin, C. R., Warren, M. T., Murray, E. D., Cotton Bronk, K., Forgeard, M. J., ... & Jayawickreme, E. (2022). Clarifying the content of intellectual humility: A systematic review and integrative framework. *Journal of Personality Assessment, 104*(5), 573-585.

4 Krumrei-Mancuso, E. J. (2017). Intellectual humility and prosocial values: Direct and mediated effects. *The Journal of Positive Psychology, 12*(1), 13-28.

5 Haggard, M., Rowatt, W. C., Leman, J. C., Meagher, B., Moore, C., Fergus, T., ... & Howard-Snyder, D. (2018). Finding middle ground between intellectual arrogance and intellectual servility: Development and assessment of the limitations-owning intellectual humility scale. *Personality and Individual Differences, 124*(1), 184-193.

6 Leary, M. R., Diebels, K. J., Davisson, E. K., Jongman-Sereno, K. P., Isherwood, J. C., Raimi, K. T., ... & Hoyle, R. H. (2017). Cognitive and interpersonal features of intellectual humility. *Personality and Social Psychology Bulletin, 43*(6), 793-813.

7 Battaly, H. (2023). Educating for intellectual pride and ameliorating servility in contexts of epistemic injustice. *Educational Philosophy and Theory, 55*(3), 301-314.

8 Mcelroy-Heltzel, S. E., Davis, D. E., Hook, J. N., & Battaly, H. D. (2023). Too much of a good thing: Differentiating intellectual humility from servility in higher education. *Journal of Moral Education, 52*(1), 21-33.

9 Owens, B. P., Johnson, M. D., & Mitchell, T. R. (2013). Expressed humility in organizations: Implications for performance, teams, and leadership. *Organization Science, 24*(5), 1517-1538.

10 Tice, D. M., Butler, J. L., Muraven, M. B., & Stillwell, A. M. (1995). When modesty prevails: Differential favorability of self-presentation to friends and strangers. *Journal of Personality and Social Psychology, 69*(6), 1120–1138.

11 Park, N., Peterson, C., & Seligman, M. E. (2004). Strengths of character and well-being: A closer look at hope and modesty. *Journal of Social and Clinical Psychology, 23*(5), 628-634.

12 Davis, D. E., Worthington Jr, E. L., & Hook, J. N. (2010). Humility: Review of measurement strategies and conceptualization as personality judgment. *The Journal of Positive Psychology, 5*(4), 243-252.

13 Owens, B. P., & Hekman, D. R. (2012). Modeling how to grow: An inductive examination of humble leader behaviors, contingencies, and outcomes. *Academy of Management Journal, 55*(4), 787-818.

14 Yuan, L., Zhang, L., & Tu, Y. (2018). When a leader is seen as too humble: A curvilinear mediation model linking leader humility to employee creative process engagement. *Leadership and Organization Development Journal, 39*(4), 468-481.

15 Hardy, C., & Leiba-O'Sullivan, S. (1998). The power behind empowerment: Implications for research and practice. *Human Relations, 51*(4), 451-483.

16 Ahearne, M., Mathieu, J., & Rapp, A. (2005). To empower or not to empower your sales force? An empirical examination of the influence of leadership empowerment behavior on customer satisfaction and performance. *The Journal of Applied Psychology, 90*(5), 945-955.

17 Stoker, J. I., Looise, J. C., Fisscher, O. A. M., & Jong, R. D. (2001). Leadership and innovation: relations between leadership, individual characteristics and the functioning of R&D teams. *International Journal of Human Resource Management, 12*(7), 1141-1151.

마음챙김

Mindfullness

명상만 한다고
성과가 올라간다고?

∞

마음챙김이란?

팀 페리스의 『타이탄의 도구들』이라는 책을 보면, 타이탄들의 80% 이상은 어떤 방식으로든 아침 명상을 한다고 했고, 구글이나 애플 등 실리콘밸리에서도 명상이 유행이라고 한다. 그런데 명상을 하는 게 실제 성과로 이어질까? 마음챙김Mindfullness[1]은 현재 순간의 경험에 의도적으로 주의를 기울이는 것인데, 이는 많은 긍정적인 결과와 연관되어 있다고 알려져 있다.[2] 마음챙김은 감정조절 능력을 조절하게 만들고,[3] 긍정적인 감정을 높이며,[4] 집중력을 높이는 데 도움이 된다.[5][6] 그래서 기업에서는 마음챙김을 직원의 기분, 집중력 또는 성과를 개선하기 위한 상태 변화 개입으로 간주한다.[7][8][9][10]

마음챙김의 반전

일부 연구에서는 지나친 마음챙김이 과도한 자기성찰로 이어질 수 있다고 지적한다. 과도한 마음챙김은 다른 일들을 방해하거나 생활의 다른 측면을 소홀히 하는 결과를 낳을 수 있다.[11] 카톨리카-리스본 경제경영대 Andrew Hafenbrack 교수의 실험에 따르면, 과제를 수행하기 전 명상을 한 집단과 하지 않은 집단을 비교한 결과, 명상을 한 집단은 앞으로의 문제에 덜 집중하고, 상대적으로 느긋했으며, 낮은 동기로 인해 성과가 낮았다.[12] 명상을 통해 스트레스, 중압감, 걱정에서 벗어나는 데는 도움이 되었지만 업무에 대한 동기마저 낮춰 명상 후 높아진 집중력의 장점을 상쇄시킨 것이다.

결론

마음챙김은 스트레스를 관리하고, 집중력을 향상시키며, 웰빙을 중시하는 조직문화의 조성에 도움이 될 수도 있다. 그러나 자신의 생각과 감정에 너무 몰입한 나머지 적절한 심리적 거리를 잃어버리면 마음챙김은 실제 효과가 없거나 오히려 부작용이 발생할 수 있다. 특히 조직문화에서 아직 수용하기 어려운 상황이나 다른 우선순위가 있는데 마음챙김에 시간을 할애하는 것은 시의적절해 보이지 않는다. 무조건적인 마음챙김보다는 자신이 처한 상황을 먼저 고려하는 지혜가 필요하다.

Reference

1　Britton, W. B. (2019). Can mindfulness be too much of a good thing? The value of a middle way. *Current Opinion in Psychology, 28*, 159-165.

2　Kabat-Zinn, J. (1990). Full catastrophe living: Using the wisdom books of your body and mind to face stress, pain, and illness. *New York, NY, US: Delta Books*.

3　Good, D. J., Lyddy, C. J., Glomb, T. M., Bono, J. E., Brown, K. W., Duffy, M. K., ... & Lazar, S. W. (2016). Contemplating mindfulness at work: An integrative review. *Journal of Management, 42*(1), 114-142.

4　Sedlmeier, P., Eberth, J., Schwarz, M., Zimmermann, D., Haarig, F., Jaeger, S., & Kunze, S. (2012). The psychological effects of meditation: A meta-analysis. *Psychological Bulletin, 138*(6), 1139–1171.

5　Hafenbrack, A. C., & Vohs, K. D. (2018). Mindfulness meditation impairs task motivation but not performance. *Organizational Behavior and Human Decision Processes, 147*(C), 1-15.

6　Mrazek, M. D., Smallwood, J., & Schooler, J. W. (2012). Mindfulness and mind-wandering: Finding convergence through opposing constructs. *Emotion, 12*(3), 442–448.

7　Carlock, R. S. (2014). How meditation can make you a better leader. Forbes. com, January 28.

8　Gelles, D. (2015). *Mindful work: How meditation is changing business from the inside out*. Houghton Mifflin Harcourt.

9　George, B. (2012). Mindfulness helps you become a better leader. *Harvard Business Review, 26*(10), 21-32.

10　Harrington, A., & Dunne, J. D. (2015). When mindfulness is therapy: Ethical qualms, historical perspectives. *American Psychologist, 70*(7), 621–631.

11　van der Velden, A. M., Kuyken, W., Wattar, U., Crane, C., Pallesen, K. J., Dahlgaard, J., ... & Piet, J. (2015). A systematic review of mechanisms of change in mindfulness-based cognitive therapy in the treatment of recurrent major depressive disorder. *Clinical Psychology Review, 100*(37), 26-39.

12 Berinato, S., & Hafenbrack, A. (2019). Mindfulness is demotivating. *Harvard Business Review, 97*(1), 32-33.

사회적 지원

Social Support

도움은 필요할 때 받는 것이
가장 값지다

∞

사회적 지원이란?

도구적 사회적 지원instrumental social support은 직무 자원의 하나로, 업무를 수행하는 데 도움을 받아 조직 구성원의 심리적 건강과 업무 행동에 긍정적인 영향을 미치는 것으로 알려져 있다.[234] 하지만 일부 연구에서 이러한 지원이 오히려 해로운 효과를 가진다는 것을 발견했다.[546] 쉽게 떠올려볼 수 있는 상황은 조직 구성원의 역량과 능력에 미스 매치된 지원이 제공되는 경우다. 홍수가 나면 정작 부족한 것이 역설적으로 식수라고 한다. 많은 사회적 지원 가운데 정작 나에게 필요하고 적합한 지원은 없는 상황에서 지원은 아무런 도움이 안 될 수도 있다. 비슷한 예로 명확한 계획이나 전략과 무관한 사회적 지원을 남발했을 경우다. 이러한 부수적인 지원들은 성과 향상에 직접적이고 효과적으로 활용되지 못할 수 있다.

사회적 지원의 반전

한 연구에서는 과도한 도구적 사회적 지원은 개인의 자원을 갉아먹는 위협으로 작용하여 부정적인 행동을 낳을 수 있다고 주장하였다.[1] 이 연구에 따르면, 사회적 지원을 받아 소속감이나 의미를 느끼면서 긍정적인 결과를 낳다가 그 도움이 지나치게 되면 조직 구성원은 스스로를 무능하다고 느끼거나 과도한 지원을 오히려 부담스러워하면서 부정적인 결과를 낳는다는 것이다. 이 논문에서는 과도한 지원을 받는 개인에 초점을 두었지만 조직 관점에서는 지원의 총량이 많다는 것은 지원의 낭비와 이로 인한 재정적 낭비도 있겠지만 지원이 비효율적이거나 불공평하게 분배될 수 있음을 시사한다. 이 경우 조직 공정성의 이슈가 제기될 수 있다.

결론

교육학의 인지발달이론에는 비고츠키Vygotsky의 근접 발달 영역zone of proximal development이라는 개념이 나온다. 근접 발달 영역은 학습자가 혼자 힘으로 도달할 수 있는 실제 발달 수준과 누군가의 도움을 받아 잠재적으로 도달할 수 있는 수준 간 차이를 지칭하는데, 이를 개발하는 방법으로 비계scaffolding가 있다. 비계는 공사 현장에서 건물을 둘러싼 구조물로 작업자와 장비를 안전하게 고정 및 이동시키는 역할을 하는 것을 말한다. 교육에 있어서 비계는 학습자가 역량을 개발하는 데 학습자의 정확한 수준을 파악해 적절히 도전적인 과제를 제시하고, 모니터링하고, 필요한 경우 피드백을 제공하는 것을 말한다. 조직과 리더의 지원도 건설 현장의 비계처럼 적절하게 제공될 필요가 있다.

한편, 앞서 소개한 논문은 도움을 받은 사람의 자각이 중요함을 시사하는데, 이를 높이기 위한 방안으로 성찰 일지를 작성하는 것을 고려할 수 있다.[7] 성찰 일지는 업무에서 경험을 통한 학습과 성장을 추적함으로써 개선 사항을 도출하고 자기 인식과 자기개발에도 도움이 되기 때문에 조직 구성원이 스스로를 평가 절하하거나 조직과 상사의 지원을 마냥 부담스러워하는 상황을 해소하는 데 도움이 될 수 있을 것이다.

도구적 사회적 지원은 어떻게 측정하는가?

6문항으로 Settoon과 Mossholder(2002)[8]의 측정도구가 있고, 그 내용은 다음과 같다.

문항	전혀 그렇지 않다	그렇지 않다	보통 이다	그렇다	매우 그렇다
01 나는 직장에서 힘든 일이 생기면 동료를 돕기 위해 더 많은 일을 떠맡는다.					
02 나는 동료가 직접적으로 도움을 요청하지 않더라도 어려운 과제를 맡은 동료를 돕는다.					
03 나는 내 업무와 관련이 없더라도 업무량이 많은 동료를 돕는다.					
04 나는 업무가 뒤처지는 동료를 돕는다.					
05 나는 동료가 결근했을 때 그의 업무를 돕는다.					
06 나는 업무 관련 문제가 있는 동료에게 적극적으로 도움을 준다.					

Reference

1 Yun, M., & Beehr, T. (2023). Too much of a good thing? Curvilinear effect of instrumental social support on task performance via work engagement. *Applied Psychology, 72*(2), 674-696.

2 Cohen, S., & Wills, T. A. (1985). Stress, social support, and the buffering hypothesis. *Psychological Bulletin, 98*(2), 310–357.

3 House, J. S. (1981). Work stress and social support. Addison-Wesley.

4 Beehr, T. A., Bowling, N. A., & Bennett, M. M. (2010). Occupational stress and failures of social support: When helping hurts. *Journal of Occupational Health Psychology, 15*(1), 45–59.

5 Baranik, L. E., Wang, M., Gong, Y., & Shi, J. (2017). Customer mistreatment, employee health, and job performance: Cognitive rumination and social sharing as mediating mechanisms. *Journal of Management, 43*(4), 1261–1282.

6 Glaser, D. N., Tatum, B. C., Nebeker, D. M., Sorenson, R. C., & Aiello, J. R. (1999). Workload and social support: Effects on performance and stress. *Human Performance, 12*(2), 155–176.

7 Breevaart, K., Bakker, A., Hetland, J., Demerouti, E., Olsen, O. K., & Espevik, R. (2014). Daily transactional and transformational leadership and daily employee engagement. *Journal of Occupational and Organizational Psychology, 87*(1), 138-157.

8 Settoon, R. P., & Mossholder, K. W. (2002). Relationship quality and relationship context as antecedents of person-and task-focused interpersonal citizenship behavior. *Journal of Applied Psychology, 87*(2), 255-267.

멘토 지식 공유

Mentor Knowledge Sharing

시간이 지날수록
사수가 대단해 보이지 않는 이유

∞

멘토 지식 공유란?

멘토는 조직 구성원에게 지원, 조언 및 내부 정보를 제공하여 적응을 촉진할 수 있는 경험이 풍부한 동료를 의미한다.[1] 멘토링은 신입 직원의 조직 사회화에 도움을 주는 전략으로서 경력 개발의 일부로 인식되어 왔다.[2]

멘토 지식 공유의 반전

흥미롭게도 멘토의 업무 관련 지식 공유가 마냥 좋지 않다는 연구가 있다.[3] 이 연구에 따르면, 입사 초기에는 신입 직원이 정보 부족 상태에 있기 때문에 멘토의 지식 공유에 높은 가치를 부여하고 커뮤니케이션 효율성에 기여했다. 그러나 시간이 지날수록 신입 직원 스스로 네트워크를 형성하게 되어 더 이상 멘토의 역할을 결정적이지 않았다고 했고, 멘토의 지식 공유에 대한 가치가 퇴색되었다고 하였다.

결론

　조직은 조직 구성원의 사회화socialization 과정이 시간이 지남에 따라 역동적으로 변화하는 점을 이해해야 한다.[45] 역할에 대한 기대는 사회화의 다양한 단계에서 유동적으로 변한다.[3] 초기에는 멘토의 지식 공유가 비중 있고 가치 있는 것으로 여겨지지만 이후에는 팀 커뮤니케이션 네트워크에서 보다 중심적인 위치를 차지하는 사람(리더, 하이 퍼포머 등)의 지식 공유가 더 효과적이라는 인식으로 변화하는 것이다. 이러한 결과를 바탕으로 조직은 초기 공식적 멘토링을 통해 신입 직원을 새로운 환경에 적응시킨 뒤에는 다양한 멘토로부터 다양한 정보를 받을 수 있도록 온보딩 프로그램을 운영할 필요가 있다. 멘토링 문헌을 살펴보면, 멘토는 경력 지원뿐만 아니라 멘티의 역할 모델, 상담 및 친교의 기능을 제공한다고 한다.[6] 따라서, 하나의 멘티에 기능별로 복수의 멘토를 두는 인터벤션을 고려해볼 수 있다. 예를 들어, 출산 및 육아로 경력이 단절되었던 직원이 복직할 경우 같은 팀의 사수도 업무적으로 훌륭한 멘토일 수 있지만 같은 경력단절을

겪고 성공적으로 경력을 개발한 역할 모델이나 이들의 상황에
공감하며 어울릴 수 있는 인생 선배도 멘토로 둘 수 있을 것이다.

Reference

1   Ostroff, C., & Kozlowski, S. W. J. (1992). *Organizational socialization as a learning process: The role of information acquisition. Personnel Psychology, 45*(4), 849–874.

2   Allen, T. D., Finkelstein, L. M., & Poteet, M. L. (2011). *Designing workplace mentoring programs: An evidence-based approach.* John Wiley & Sons.

3   Wu, W., Wu, S., Du, Q., Zhang, X., Zhang, Y., Xu, H., & Yu, Z. (2023). More is less? A dynamic perspective on mentors' task-related information sharing, indegree centrality, and newcomer socialization outcomes. *Journal of Organizational Behavior, 44*(4), 660-681.

4   Fisher, C. D. (1986). Organizational socialization: An integrative review. In G. R. Ferris & K. M. Rowland (Eds.), *Research in personnel and human resources management* (pp. 101–145). JAI Press.

5   Morrison, E. W. (1993). Newcomer information seeking: Exploring types, modes, sources, and outcomes. *Academy of Management Journal, 36*(3), 557–589.

6   Fowler, J. L., & O'Gorman, J. G. (2005). Mentoring functions: A contemporary view of the perceptions of mentees and mentors. *British Journal of Management, 16*(1), 51-57.

성과 압박

Performance Pressure

압박은 다이아몬드를 만들어낸다?

∞

성과 압박이란?

조직 내 고성과자는 어떻게 눈에 띄는 성과를 창출하는 것일까? 성과는 가장 기본적인 조직의 평가 지표이고, 조직 구성원들은 종종 성과를 내라는 리더의 압박을 경험한다. 성과 압박 performance pressure은 성과 창출의 중요성을 강화시키는 모든 요소로 정의되는데,[1] 단지 시간을 재촉하거나 위기를 조장하는 것이 아니라 성과를 관찰하고, 평가하고, 보상할 수 있는 타인으로부터 성과와 관련된 결과물에 대해 확실히 전달함으로써 그 중요성을 증가시키는 것을 말한다.[2,3] 조직 구성원은 성과 압박을 통해 이상적인 목표에 대해 자주 듣고 상기시키면서 업무에 더 많은 노력을 기울일 수 있고, 심리적으로 적절한 긴장을 증가시켜 업무 성과를 증진하고 동기를 유발할 수 있다.[4,5] 압박이라는 단어가 다소 부정적인 느낌을 주지만 정의에 비춰본다면 성과 압박은 오히려 성과 피드백에 가까운 개념이다. 만약 리더가 위기를 항상 입에 달고 산다면, 그것은 성과 압박이나 성과 관리라기보다는 잔소리이다.

성과 압박의 반전의 반전?

성과 압박이 성과 창출에 항상 기여하는 것은 아니다. 단순히 성과 압박 때문에 성과가 덜 나는 것은 아니고, 조직 구성원들이 윤리적으로 어긋나는 행동을 할 수 있기 때문이다.[67] 일부 직원은 낮은 성과로 패널티를 받는 것에 극심한 스트레스를 받을 수 있는데, 이는 어떤 식으로든 성과만 내면 된다는 인식을 조장할 수 있다.[8] 성과 압박을 많이 받는 직원이 절도, 이력서 사기, 거짓말을 더 많이 한다는 연구도 있다.[9][10]

회사 이미지나 평판을 좋게 하기 위해 매출을 조작하여 보고하는 것과 같이 조직의 이익을 위한다는 명목하에 비윤리적인 행동을 스스럼없이 하는 것을 비윤리적 친조직 행동Unethical pro-organizational behavior이라 한다. 일반적으로 비윤리적 행동을 하면 죄책감을 느끼기 마련이다. 그런데 과도한 성과 압박은 조직 구성원으로 하여금 비윤리적 친조직 행동을 더 유발할 수 있다. 왜냐하면 성과 창출이라는 가치 있는 목적을 수행할 수밖에 없는, 단

순히 리더의 명령을 수행하고 있다는 식의 도덕적 합리화가 이뤄질 수 있기 때문이다.[2]

결론

성과 압박은 부모와 자식 관계에서도 나타난다. 부모의 교육적 기대와 열망이 자녀의 학업 성과와 긍정적인 관련성이 있는 것으로 밝혀졌으나[11][12][13][14][15], 너무 높은 기대와 열망은 학업 성취도를 낮추는 것으로 분석되었다.[16] 학업 스트레스 및 부담으로 극단적인 선택을 한다는 아이들의 기사도, 훌륭하고 성실했던 직원이 알고 보니 비리를 저질러 사회적 파장을 일으킨다는 기사도 별로 보고 싶지 않다. 부모와 리더 모두 성과 압박을 제대로 적정 수준에서 사용하길 바란다.

Reference

1 Baumeister, R. F. (1984). Choking under pressure: self-consciousness and paradoxical effects of incentives on skillful performance. *Journal of Personality and Social Psychology, 46*(3), 610-620.

2 Chen, M., & Chen, C. C. (2023). The moral dark side of performance pressure: How and when it affects unethical pro-organizational behavior. *The International Journal of Human Resource Management, 34*(7), 1359-1389.

3 Gardner, H. K. (2012). Performance pressure as a double-edged sword: Enhancing team motivation but undermining the use of team knowledge. *Administrative Science Quarterly, 57*(1), 1-46.

4 Locke, E. A., & Latham, G. P. (2002). Building a practically useful theory of goal setting and task motivation: A 35-year odyssey. *American Psychologist, 57*(9), 705-717.

5 Shantz, A., & Latham, G. (2011). The effect of primed goals on employee performance: Implications for human resource management. *Human Resource Management, 50*(2), 289-299.

6 Kanfer, R., & Chen, G. (2016). Motivation in organizational behavior: History, advances and prospects. *Organizational Behavior and Human Decision Processes, 136*(2016), 6-19.

7 LePine, J. A., Podsakoff, N. P., & LePine, M. A. (2005). A meta-analytic test of the challenge stressor–hindrance stressor framework: An explanation for inconsistent relationships among stressors and performance. *Academy of Management Journal, 48*(5), 764-775.

8 Mitchell, M. S., Greenbaum, R. L., Vogel, R. M., Mawritz, M. B., & Keating, D. J. (2019). Can you handle the pressure? The effect of performance pressure on stress appraisals, self-regulation, and behavior. *Academy of Management Journal, 62*(2), 531-552.

9 Dineen, B. R., Duffy, M. K., Henle, C. A., & Lee, K. (2017). Green by comparison: Deviant and normative transmutations of job search envy in a

temporal context. *Academy of Management Journal, 60*(1), 295-320.

10   Greenberg, J. (1997). A social influence model of employee theft: Beyond the fraud triangle. In R. J. Lewicki, R. J. Bies, & B. H. Sheppard (Eds.) *Research on negotiation in organizations* (pp. 29–51). JAI Press.

11   Fan, X., & Chen, M. (2001). Parental involvement and students' academic achievement: A meta-analysis. *Educational Psychology Review, 13*(1), 1–22.

12   Jeynes, W. H. (2022). A meta-analysis: The relationship between the parental expectations component of parental involvement with students' academic achievement. *Urban Education. 59*(1), 63-95.

13   Pinquart, M., & Ebeling, M. (2020). Parental educational expectations and academic achievement in children and adolescents—A meta-analysis. *Educational Psychological Review, 32*(2), 463–480.

14   Wu, N., Hou, Y., Wang, Q., & Yu, C. (2018). Intergenerational transmission of educational aspirations in Chinese families: Identifying mediators and moderators. *Journal of Youth and Adolescence, 47*(6), 1238–1251.

15   Yan, W., & Lin, Q. (2005). Parent involvement and mathematics achievement: Contrast across racial and ethnic groups. *The Journal of Educational Research, 99*(2), 116–127.

16   Marsh, H. W., Pekrun, R., Guo, J., Hattie, J., & Karin, E. (2023). Too Much of a Good Thing Might Be Bad: the Double-Edged Sword of Parental Aspirations and the Adverse Effects of Aspiration-Expectation Gaps. *Educational Psychology Review, 35*(2), 1-45.

리더의 야망

Leader Ambition

큰 꿈을 꾸는 것과
그 꿈을 이루는 것 사이에는
큰 차이가 있다

∞

야망이란?

성공, 권력, 부. 이와 같은 목표를 달성하고자 하는 욕구를 야망ambition이라고 한다.[1] 야망을 가진 사람은 사회적으로 자신감이 있고, 경쟁적이며, 더 높은 수준의 교육을 성취하고자 노력하며, 재정적으로 성공하기 위한 욕구가 강하다.[234] 특히, 리더의 야망은 조직을 더 나은 방향으로 변화시킬 수 있는 기회를 포착하고,[5] 조직 구성원들에게 활력을 불어넣어 높은 몰입과 더 나은 성과를 창출한다는 점에서 리더의 바람직한 자질 중 하나로 손꼽힌다.[6]

그렇다면 야망에 찬 리더를 둔 조직 구성원은 어떨까? 사회 정체성 이론Social identity theory에 따르면, 인간은 끊임없이 타인, 집단, 조직과 동일시하여 소속감을 느끼려고 한다.[7] 리더와 강한 일체감을 형성한 조직 구성원은 리더의 이익이 곧 자신을 위한 것이라 인식하고, 리더의 성공, 요구, 기대에 민감하게 반응하고자 노력하려는 경향이 있다.[8 9 10] 연구 결과, 야망 높은 리더를 둔 조직 구성원은 결과 지향적으로 행동하며 높은 성취를 보이기도 했다.[11 12]

야망의 반전

조직 구성원은 리더의 야심 찬 목표를 위해 더 많은 주인의식을 갖고 있어야 하고, 더 많은 압박을 감수해야 한다.[8] 리더의 야망이 높을수록 조직 구성원이 받는 성과 압박이 증가하고, 부정행위도 늘었는데, 특히 조직 구성원이 리더와 동일시하는 경향이 클수록 더 심한 것으로 나타났다.[8]

결론

야망과 비슷한 양상을 보이는 개념 중에 열정passion이 있다. 일반적으로 열정은 개인이 좋아하고 자신의 정체성을 나타낼 수 있는 중요하고 가치 있는 활동에 대해 강한 흥미와 함께 상당한 시간과 에너지를 투자하여 쏟는 성향을 의미한다.[13] 하지만 열정

역시 너무 과하면 팀 성과를 떨어뜨린다는 연구 결과가 있다. 과도한 열정을 가진 리더와 그렇지 않은 조직 구성원 간 열정의 불균형은 팀 내 역할에 대한 이질적인 기대를 만들고, 공동의 목표에 대한 부적합한 관점을 형성하며,[14] 이는 팀워크를 방해하고, 팀 내 감정적 갈등을 유발하여[15] 결과적으로 팀 창의성을 방해한다.[16][17] 야망도 열정도 고장난명孤掌難鳴이 중요한 것 같다.

Reference

1 Hansson, R. O. (1983). Disentangling Type A Behavior: The Roles of Ambition, Insensitivity, and Anxiety. *Journal of Research in Personality, 17*(2), 186–197.

2 Judge, T. A., & Kammeyer-Mueller, J. D. (2012). On the value of aiming high: The causes and consequences of ambition. *Journal of Applied Psychology, 97*(4), 758–775.

3 Kim, D. H., & Schneider, B. (2005). Social capital in action: Alignment of parental support in adolescents' transition to postsecondary education. *Social Forces, 84*(2), 1181-1206.

4 Meyer, J. W. (1977). The effects of education as an institution. *American Journal of Sociology, 83*(1), 55-77.

5 Balda, J. B., & Mora, F. (2011). Adapting leadership theory and practice for the networked, millennial generation. *Journal of Leadership Studies, 5*(3), 13-24.

6 Steffens, N. K., Fonseca, M. A., Ryan, M. K., Rink, F. A., Stoker, J. I., & Pieterse, A. N. (2018). How feedback about leadership potential impacts ambition, organizational commitment, and performance. *The Leadership Quarterly, 29*(6), 637-647.

7 Chen, Y., Chen, Z. X., Zhong, L., Son, J., Zhang, X., & Liu, Z. (2015). Social exchange spillover in leader–member relations: A multilevel model. *Journal of Organizational Behavior, 36*(5), 673-697.

8 Adeel, A., Kee, D. M. H., Mubashir, A. S., Samad, S., & Daghriri, Y. Q. (2023). Leaders' ambition and followers' cheating behavior: The role of performance pressure and leader identification. *Frontiers in Psychology, 14*, 1-14.

9 Sluss, D. M., & Ashforth, B. E. (2007). Relational identity and identification: Defining ourselves through work relationships. *Academy of Management Review, 32*(1), 9-32.

10 Van Knippenberg, D., Van Knippenberg, B., De Cremer, D., & Hogg, M. A.

(2004). Leadership, self, and identity: A review and research agenda. *The Leadership Quarterly, 15*(6), 825-856.

11 Sieberer, U., & Müller, W. C. (2017). Aiming higher: the consequences of progressive ambition among MPs in European parliaments. *European Political Science Review, 9*(1), 27-50.

12 Winsborough, D. L., & Sambath, V. (2013). Not like us: An investigation into the personalities of New Zealand CEOs. *Consulting Psychology Journal: Practice and Research, 65*(2), 87–107.

13 Vallerand, R. J., Blanchard, C., Mageau, G. A., Koestner, R., Ratelle, C., Léonard, M., ... & Marsolais, J. (2003). Les passions de l'ame: on obsessive and harmonious passion. *Journal of Personality and Social Psychology, 85*(4), 756-767.

14 de Mol, E., Cardon, M. S., de Jong, B., Khapova, S. N., & Elfring, T. (2020). Entrepreneurial passion diversity in new venture teams: An empirical examination of short-and long-term performance implications. *Journal of Business Venturing, 35*(4), 1-18.

15 Van Knippenberg, D., & Schippers, M. C. (2007). Work group diversity. *Annual Review of Psychology, 58*(1), 515-541.

16 Jiang, J. Y., Zhang, X., & Tjosvold, D. (2013). Emotion regulation as a boundary condition of the relationship between team conflict and performance: A multilevel examination. *Journal of Organizational Behavior, 34*(5), 714-734.

17 Lau, R. S., & Cobb, A. T. (2010). Understanding the connections between relationship conflict and performance: The intervening roles of trust and exchange. *Journal of Organizational Behavior, 31*(6), 898-917.

나르시시즘

Narcissism

당신은 어떤 나르시시스트인가?

∞

나르시시즘이란?

나르시시즘Narcissism은 그리스 신화 속 인물인 나르키소스가 물에 비친 자신의 모습에 반해 물에 빠져 죽게 된 이야기에서 유래한 것으로, 자신에 대한 과장된 인식, 통제, 우월성, 성공, 감탄의 환상을 포함하며 이러한 자기애를 다른 사람들로부터 강화받기를 원하는 욕구로 구성된다.[12] 소위 잘난 척은 그것이 사실이든 허세든 듣기 곤욕스러운데, 실제로 나르시시즘은 분노를 부추겨 직장 내 공격성을 유발한다고 한다.[3] CEO인 경우는 자아도취가 경영 실패 가능성을 높인다는 연구도 있다.[4]

나르시시즘의 반전

나르시시즘이 조직에 긍정적인 영향을 미친다는 연구가 있다.[567] 나르시시즘 문헌에 따르면, 나르시시즘은 과장형 나르시시즘grandiose narcissism과 내현적 나르시시즘vulnerable narcissism으로 구분된다. 내현적 나르시시즘은 겉으로는 조용한 편이라 나르시시스트라 알아차리기 어렵지만 속으로는 자존심과 자기애가 강하다. 이들은 스포트라이트 받는 것을 꺼리고 과민하고 수치심을 잘 느낀다. 그래서 티 내지 않고 주변을 조작해 간접적으로 인정받거나 내가 속한 집단을 드높임으로써 자신의 부족한 자존감을 채우려 한다.[89] 겉으로는 내성적이거나 겸손하지만 뒤에서는 뒷담화를 하는 사람이라고 생각하면 된다.

한편, 과장형 나르시시즘은 자신을 매우 특별하게 중요하다고 생각하는 오만한 성격을 의미한다. 과장형 나르시시즘은 다시 나르시시즘적 경쟁Narcissistic Rivalry과 나르시시즘적 존경Narcissistic Admiration으로 구분된다.[1011] 나르시시즘적 경쟁은 자신의 성취와 자원을 방어하기 위해 다른 사람을 평가절하하고, 이기적이고 공격적이며 비윤리적인 행동도 서슴지 않는다.[12] 결과적으로 대인관계가 위태로워지고 개인의 자원이 소모되지만,[13 14 15 16] 오히려 이러한 행동으로 자원이 보호되거나 회복되는 데 도움이 되는 사람도 있다고 한다.[17 18 19] 나르시시즘적 존경은 다른 사람의 존중과 존경과 같은 가치 있는 사회적 자원을 얻기 위해 자신을 홍보하고, 자신감 있고 매력적인 모습을 보여주려고 노력한다.[16][20][21][22] 이러한 사람들은 존경받기 위해 조직 시민 행동을 보이는 것이다.[23][24][25]

　서비스 산업의 조직 구성원을 대상으로 연구한 결과,[26] 나르시시즘 존경이 높은 조직 구성원들은 자신을 통제하고 자기 홍보, 표현 및 매력적인 행동에 관심을 보이면서[27] 친사회적으로 행동했고, 고객의 요구에 더 민감하게 맞춤형 서비스를 제공하는 데 기꺼이 노력하는 것으로 나타났다.[8][29]

결론

　한편, 한 개인 내에서 나르시시즘적 경쟁과 존경이 결합될 수 있기 때문에,[16] 리더는 조직 구성원의 개인 자원을 보호하기 위해 제로섬 경쟁과 같은 나르시시즘적 경쟁으로 인한 자원 고갈 활동을 줄일 필요가 있다.[26] 직무 순환 증가, 유연 근무, 더 많은 휴식을 통한 정서적 피로 회복을 돕는 조치가 유용할 수 있다. 반면, 나르시시즘 존경 수준이 높은 조직 구성원에게 조직의 인정과 같은 인센티브를 제공하면 친사회적 동기, 인지 및 행동과 관련된 자기 고양 과정이 강화될 것으로 기대할 수 있다.

Reference

1   Kernberg, O. F. (1989). An ego psychology object relations theory of the structure and treatment of pathologic narcissism: An overview. *Psychiatric Clinics of North America, 12*(3), 723–729.

2   Morf, C. C., & Rhodewalt, F. (2001). Unraveling the paradoxes of narcissism: A dynamic self-regulatory processing model. *Psychological Inquiry, 12*(4), 177–196.

3   Penney, L. M., & Spector, P. E. (2002). Narcissism and counterproductive work behavior: Do bigger egos mean bigger problems? *International Journal of Selection and Assessment, 10*(1–2), 126–134.

4   Rijsenbilt, A., & Commandeur, H. (2013). Narcissus enters the courtroom: CEO narcissism and fraud. *Journal of Business Ethics, 117*(2), 413–429.

5   Nevicka, B., Baas, M., & Ten Velden, F. S. (2016). The bright side of threatened narcissism: Improved performance following ego threat. *Journal of Personality, 84*(6), 809–823.

6   Reina, C. S., Zhang, Z., & Peterson, S. J. (2014). CEO grandiose narcissism and firm performance: The role of organizational identification. *The Leadership Quarterly, 25*(5), 958–971.

7   Rosenthal, S. A., & Pittinsky, T. L. (2006). Narcissistic leadership. *The Leadership Quarterly, 17*(6), 617–633.

8   Back, M. D., Küfner, A. C. P., Dufner, M., Gerlach, T. M., Rauthmann, J. F., & Denissen, J. J. A. (2013). Narcissistic admiration and rivalry: Disentangling the bright and dark sides of narcissism. *Journal of Personality and Social Psychology, 105*(6), 1013–1037.

9   Miller, J. D., Hofman, B. J., Gaughan, E. T., Gentile, B., Maples, J., & Keith Campbell, W. (2011). Grandiose and vulnerable narcissism: A nomological network analysis. *Journal of Personality, 79*(5), 1013–1042.

10 Lange, J., Crusius, J., & Hagemeyer, B. (2016). The evil queen's dilemma: Linking narcissistic admiration and rivalry to benign and malicious envy.

European Journal of Personality, 30(2), 168–188.

11 Leckelt, M., Küfner, A. C., Nestler, S., & Back, M. D. (2015). Behavioral processes underlying the decline of narcissists' popularity over time. Journal of Personality and Social Psychology, 109(5), 856–871.

12 Morf, C. C., Horvath, S., & Torchetti, L. (2011). Narcissistic self-enhancement: Tales of (successful?) self-portrayal. In M. D. Alicke & C. Sedikides (Eds.), Handbook of self-enhancement and self-protection (pp. 399–424). Guilford Press.

13 Campbell, W. K., Hoffman, B. J., Campbell, S. M., & Marchisio, G. (2011). Narcissism in organizational contexts. Human Resource Management Review, 21(4), 268-284.

14 Kernberg, O. F. (1989). The narcissistic personality disorder and the differential: diagnosis of antisocial behavior. Psychiatric Clinics, 12(3), 553-570.

15 Morf, C. C., & Rhodewalt, F. (2001). Unraveling the paradoxes of narcissism: A dynamic self-regulatory processing model. Psychological Inquiry, 12(4), 177-196.

16 Wurst, S. N., Gerlach, T. M., Dufner, M., Rauthmann, J. F., Grosz, M. P., Küfner, A. C., Denissen, J. J., & Back, M. D. (2017). Narcissism and romantic relationships: The differential impact of narcissistic admiration and rivalry. Journal of Personality and Social Psychology, 112(2), 280–306.

17 Qin, X., Huang, M., Johnson, R. E., Hu, Q., & Ju, D. (2018). The short-lived benefits of abusive supervisory behavior for actors: An investigation of recovery and work engagement. Academy of Management Journal, 61(5), 1951–1975.

18 Skarlicki, D. P., Van Jaarsveld, D. D., & Walker, D. D. (2008). Getting even for customer mistreatment: The role of moral identity in the relationship between customer interpersonal injustice and employee sabotage. Journal of Applied Psychology, 93(6), 1335–1347.

19 Wang, M., Liao, H., Zhan, Y., & Shi, J. (2011). Daily customer mistreatment and employee sabotage against customers: Examining emotion and resource perspectives. The Academy of Management Journal, 54(2), 312–334.

20 Anderson, C., Hildreth, J. A. D., & Howland, L. (2015). Is the desire for

status a fundamental human motive? A review of the empirical literature. *Psychological Bulletin, 141*(3), 574-601.

21 Salanova, M., Schaufeli, W. B., Xanthopoulou, D., & Bakker, A. B. (2010). The gain spiral of resources and work engagement: Sustaining a positive work life. In A. B. Bakker & M. P. Leiter (Eds.), *Work engagement: A handbook of essential theory and research* (pp. 118–131). Psychology Press.

22 Scholer, A. A., & Higgins, E. T. (2010). Regulatory focus in a demanding world. In R. H. Hoyle (Ed.), *Handbook of personality and self-regulation* (pp. 291–314). Blackwell.

23 Halbesleben, J. R., Neveu, J. P., Paustian-Underdahl, S. C., & Westman, M. (2014). Getting to the "COR" understanding the role of resources in conservation of resources theory. *Journal of Management, 40*(5), 1334–1364.

24 Koopman, J., Lanaj, K., & Scott, B. A. (2016). Integrating the bright and dark sides of OCB: A daily investigation of the benefts and costs of helping others. *Academy of Management Journal, 59*(2), 414–435.

25 Wallace, H. M., & Baumeister, R. F. (2002). The performance of narcissists rises and falls with perceived opportunity for glory. *Journal of Personality and Social Psychology, 82*(5), 819–834.

26 Li, R., Yang, F., & Zhu, X. (2023). The Janus face of grandiose narcissism in the service industry: self-Enhancement and Self-Protection. *Journal of Business Ethics, 183*(3), 909-927.

27 Back, M. D., Küfner, A. C. P., & Leckelt, M. (2018). Early impressions of grandiose narcissists: A dual-pathway perspective. In A. D. Hermann, A. B. Brunell, & J. D. Foster (Eds.), *Handbook of trait narcissism: Key advances, research methods, and controversies* (pp. 309–316). Springer.

28 Bettencourt, L. A., & Brown, S. W. (1997). Contact employees: Relationships among workplace fairness, job satisfaction and prosocial service behaviors. *Journal of Retailing, 73*(1), 39–61.

장기 결근과 이직

Long-term Absenteeism & Turnover

아무도 소를 안 키우는 것 같은데
소가 크고 있다

∞

장기 결근의 문제점

인력이 부족해도 회사는 돌아가는 경우가 있다. 휴직, 병가 등 장기적으로 자리를 비우는 조직 구성원 때문에 인력 부족에 허덕이는 조직을 생각해보자. 조직 입장에서도 T.O.table of organization 문제나 대체자를 구하는 데 어려움을 겪을 수 있다. 그런데 신기하게도 회사는 어떻게든 돌아간다. 장기 결근에 대한 40여 편의 연구를 종합한 결과, 장기 결근자는 자존감, 업무 기술, 동료와 친목 기회를 잃고, 성과 평가, 업무 퀄리티와 정확성, 업무 승진, 생산성에 부정적인 영향을 받는 것으로 나타났다.[12345] 납득이 가는 결과이다.

장기 결근의 반전

흥미롭게도 한 연구에서는 조직 구성원들의 장기 결근이 오히려 기업 성과를 높인다고 보고했다. 엄밀하게는 떨어지는 성과가 어느 시점에서 비선형적인 상승을 보였다. 연구 결과에 따르면 인력 부족은 단기적으로 생산성을 낮추고, 남은 인력들에게 더 많은 일이 몰리고, 이 과정에서 생산성이 낮은 직원들은 퇴사하고, 그렇지 않은 직원들은 오히려 성장해 생산성이 향상되는 것이다. 물론 생산성이 낮은 직원들이 퇴사하는 과정에서도 조직은 단기적으로 성과가 감소하지만 결과적으로는 조직이 더 슬림해지고, 효율성이 제고된다. 그리고 남아 있는 직원들의 생산성이 퇴사한 직원들의 몫을 상쇄할 정도로 높아지는 지점을 넘어서면 조직의 성과가 오히려 높아진다는 것이다.

Reference

1 Aarstad, J., & Kvitastein, O. A. (2023). Effect of Long-Term Absenteeism on the Operating Revenues, Productivity, and Employment of Enterprises. *Administrative Sciences, 13*(6), 1-10.

2 Bycio, P. (1992). Job performance and absenteeism: A review and meta-analysis. *Human Relations, 45*(2), 193-220.

3 Løkke, A. K., & Krøtel, S. M. (2020). Performance evaluations of leadership quality and public sector leaders' absenteeism. *Public Management Review, 22*(1), 96-117.

4 Stumpf, S. A., & Dawley, P. K. (1981). Predicting voluntary and involuntary turnover using absenteeism and performance indices. *Academy of Management Journal, 24*(1), 148-163.

5 Viswesvaran, C. (2002). Absenteeism and measures of job performance: A meta-analysis. *International Journal of Selection and Assessment, 10*(1-2), 12-17.

비선형조직

초판 1쇄 인쇄 2024년 3월 4일
초판 1쇄 발행 2024년 3월 11일

지은이 이윤수 임경애 박혜연

편집 김정웅
마케팅 총괄 임동건
마케팅 안보라
경영지원 임정혁 이순미

펴낸이 최익성
펴낸곳 플랜비디자인

디자인 박은진

출판등록 제2016-000001호
주소 경기도 화성시 동탄첨단산업1로 27 동탄IX타워 A동 3210호

전화 031-8050-0508
팩스 02-2179-8994
이메일 planbdesigncompany@gmail.com

ISBN 979-11-6832-097-0 (03320)